SPORTS MIND TRAINING

Psychological training workbook for professional athletes

스포츠 마인드 트레이닝

프로 선수를 위한 심리 훈련 워크북

한덕현 · 강경두 · 하은주 공저

학지사

머리말

 강연이나 강의가 끝나고 찾아오는 수강생들이 던지는 질문 중 가장 곤란한 것은 스포츠심리를 공부할 수 있는 간단한 책을 소개해 달라는 질문이었다. 하지만 나는 간단하게 책 한 권만 보고 심리를 배울 수 있을 것이라는 학생들의 생각이 싫었다. 그래서 없다고 하거나 아주 두꺼운 원서의 제목을 가르쳐 주곤 하였다. 그러던 어느 날, 상담을 받던 선수가 유명한 스포츠심리 책이라며 가지고 온 것을 보고 많이 놀랐다. 논리와 증거를 기반으로 한 과학적 이야기가 아닌, 추측과 상상만으로 흥미 위주로 쓴 그럴듯한 이야기 모음이 스포츠심리 책으로 둔갑해 있었던 것이다. 그래서 예전 스승님과 공부하던 노트를 다시 펴서 내가 좋아하는 후배, 제자들과 같이 스포츠 정신의학, 스포츠심리 공부를 다시 시작했고, 그 스터디에서 나온 내용들을 책으로 엮었다.

***

 2004년 처음 『스포츠 정신의학(Sport Psychiatry)』을 번역하고 16년 만에 『스포츠 마인드 트레이닝(Sports Mind Training)』을 강경두, 하은주 박사와 같이 집필하였다. 중앙대학교와 미국 유타대학교에서 스포츠심리를 공부한 후 프로 스포츠단, 운동 치료 등에서 많은 경험을 가진 강경두 박사는 이제 10년 지기의 스승―제자 관계를 넘어 스포츠심리의 소울 메이트이다. 내가 만난 운동선수 중 가장 지능이 높다고 생각되는 하은주 박사는 화려한 국가 대표와 프로 선수 생활을 마치고 한국과 미국에서 스포츠 역학과 심리를 더 공부하였다. 그리고 우리 스터디 클럽의 활력소이자 끊임없는 자극제가 되어 주었다. 내가 스승님과 함께 공부하던 내용에 이들과 함께 공부한 내용을 추가하여 이 책에 소개하였다. 이제 이 책을 간단하게 볼 수 있는 스포츠심리 책을 찾는 사람들의 손에 쥐어 주고 싶다.

―한덕현

***

스포츠심리학 현장에 처음 발을 들여놓은 것은 2009년 프로 축구단에 참여했을 때였다. 당시 나는 선수들을 대상으로 문진과 검사 과정에 참여했고, 이러한 과정은 선수들의 기본적인 심리적 요인을 파악하는 데 필요한 데이터 수집이 목적이었다. 그 후로 빙상, 핸드볼, e-스포츠, 골프, 농구 선수들을 경험하면서 최고의 선수들에게 어떤 심리적 매력이 있는지 다양한 방법으로 접근하여 연구해 왔다. 반면, 심리적 균형을 잃고 평상시 수행 과정에서 어려움을 느끼는 선수도 다수 있었다. 이 책을 집필하여 스포츠에서의 심리적 기술과 사례를 정리해 제시하고자 노력하였다.

―강경두

***

24년 동안의 선수 생활은 한덕현 교수님을 만나기 전과 후로 나뉜다. 선수 생활 내내 스스로 극복해야만 한다고 믿어 왔던 여러 심리적 고통에서 날 해방

시켜 주신 교수님 덕분에 은퇴 순간까지 매우 충실하고 의미 있는 선수 생활을 보낼 수 있었기 때문이다.

　지금도 다양한 원인으로 심리적 어려움을 겪고 있을 선수들과 그들에게 '힘 내라.' '이겨 내라.'라는 말밖에 해 줄 수 없는 지도자들이 적지 않다. 이들 모두에게 도움을 줄 수 있는 실질적인 방법에 대해 줄곧 고민하던 차에 한덕현 교수님, 강경두 박사님과 함께 스포츠 현장에서 보다 쉽게 접근할 수 있는 스포츠 심리 책을 함께 집필할 수 있게 되어 매우 행복하였다. 이 책이 지금 이 순간에도 심리적 어려움을 겪고 있는 수많은 선수와 스포츠 분야의 다양한 전문가에게 조금이나마 도움을 줄 수 있는 지침서가 되었으면 하는 바람이다.

―하은주

차례

머리말   3

PART I 들어가기

▸ 운동을 하기 위한 기본 조건   12

▸ 이유: 왜 운동을 하는가   12

▸ 배움   14

▸ 자신감: 자신감을 가지고 경기하기   15

▸ 책임: 경기 중 심리 상태에 스스로 책임을 져야 한다   15

▸ 정체성   16

▸ 임무의 수행   18

▸ 피드백: 훌륭한 선수가 되기 위한 일기   20

문진   24

심리검사   29

PART II 야구 편

1. 시합을 위한 준비   46

2. 책임감   53

3. 경기하기: 한 번에 하나의 투구하기   54

4. 심리 훈련을 시합에 이용하기   67

5. 스트레스의 조절: 스트레스는 너무 많이도 적게도 가지면 안 된다   68

6. 투구: 자신을 믿기   71

7. 투구의 심리적 전략   77

8. 타격: 실패를 극복하기   83

9. 타격의 심리적 전략   86

10. 투구 궤적과 공의 위치   90

11. 타자가 슬럼프에 빠지는 흔한 이유들······ 그리고 탈출   94

12. 수비와 주루의 심리적 전략   96

13. 심리 게임을 위한 코칭 방법   100

14. 코치들을 위한 조언   106

PART III 축구 편

1. 평가하기   120

2. 목표 세우기   123

3. 역할과 정체성   130

4. 자신감의 게임   137

5. 정신 훈련과 시각화   141

6. 초점과 집중   145

7. 불안과 걱정   156

8. 정신력 강화   161

9. 시합을 위한 준비   164

10. 팀워크   169

PART IV 농구 편

1. 슈팅 능력 향상하기   172

2. 수비 능력 향상하기   178

3. 연습용 선수 vs 시합용 선수   179

4. 출전 시간을 충분히 확보받지 못하는 벤치 선수들   180

5. 슈팅 슬럼프 극복   183

6. 심판 극복   184

7. 주의 집중   186

참고문헌   189

PART I

들어가기

SPORTS MIND TRAINING

📋 운동을 하기 위한 기본 조건

선수 자신이 노력한 만큼의 결과를 얻기 위한 스포츠에서 최선의 마음가짐을 가지기 위한 기본 조건이 있다. 운동을 해야 하는 이유, 배움, 자신감, 책임감, 정체성, 임무, 피드백의 일곱 가지 요인이다.

이 책에서는 야구, 축구, 농구 등 구체적인 각론으로 들어가기 전, 서론에서 이에 대한 요소들을 설명할 것이다.

🎽 이유: 왜 운동을 하는가

직업 운동선수뿐 아니고, 아마추어 운동선수에게도 "내가 왜 운동을 하는가?"라는 질문은 가장 기본적이면서도 어려운 문제일 것이다. 하지만 이에 대한 대답이 어렵다 하더라도 선수 자신은 이에 대한 해답을 알고 있어야 한다. 이는 자신의 운동에 대한 태도를 결정짓게 만들며 곧 목표 형성의 가장 꼭대기를 차지하고 있다는 것을 알아야 한다.

프로 선수들은 운동하는 목표를 간단하게 세 가지로 예를 든다. 물론 이 세 가지 이유는 정답이 없으며 윤리적인 의미를 지니고 있지 않다. 그래서 사람마다 목표가 다르고, 한두 개 혹은 세 개가 서로 조금씩 겹치는 경우도 많다.

이런 근본적인 질문에 대답을 하였다면 다음의 이야기에 답을 하면서 자신에 대해서 알아 가야 한다.

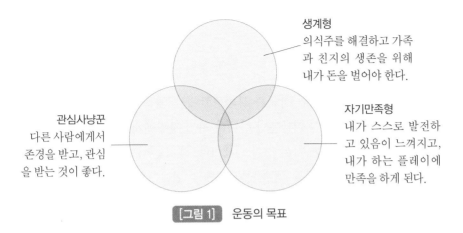

생계형
의식주를 해결하고 가족
과 친지의 생존을 위해
내가 돈을 벌어야 한다.

관심사냥꾼
다른 사람에게서
존경을 받고, 관심
을 받는 것이 좋다.

자기만족형
내가 스스로 발전하
고 있음이 느껴지고,
내가 하는 플레이에
만족을 하게 된다.

[그림 1] 운동의 목표

- 왜 운동을 하게 되었는지 자신에게 솔직히 물어보자.
- 왜 운동에 대한 태도가 이 정도였는지 자신을 이해해 보자.
- 목표를 위해서 내가 무엇을 더 배워야 하는가?
- 목표를 위해서 내 자신을 희생할 수 있는가?
- 내가 매일 열심히 운동해도 목표가 있으면 지치지 않는가?
- 새로운 목표나 태도를 가질 마음의 여유는 있는가?
- 다른 목표에도 관심은 있는가?
- 다른 사람의 이야기를 잘 들을 수 있는가?
- 한 팀의 일원으로서 경기를 잘할 수 있는가?
- 자신의 목표가 비난받아도 그것을 계속 끌고 갈 수 있는 논리가 있는가?

배움

운동뿐만이 아니고 모든 학문과 사회생활에서 '배운다는 자세'는 선수를 겸손하게 보이는 표면적인 이득뿐만 아니라 자기 자신에게 부담감을 줄여 주고, 발전적 목표를 제시하는 기본 정신 자세이다. 하지만 자연스럽게 이러한 사고방식을 가질 수 있는 확률은 매우 낮다고 볼 수 있다. 때문에 배움의 자세를 스스로 강조하는 것이 필요하다. 배움에 대한 사고방식을 갖기 위한 방법은 다음과 같이 제시할 수 있다.

- 항상 자신과 관련된 일 중에서 새로운 것이 있는지 찾아야 한다. 그리고 그것을 주의 깊게 볼 수 있는 열린 마음*이 필요하다.
- 현재 자신의 지식이 전부라고 생각하면 안 된다. 새로운 시도가 자신의 방법과 어떤 면이 다른지 확인해 볼 필요는 있다.
- 항상 '새로운 방법은 즉각 자신을 만족시키지 않는다', 이것은 모든 운동 및 배움의 상황에서 진리다.
- 새로운 방법을 시도할 때는 일정한 시간과 노력이 수반되어야 한다.
- 새로운 방법에 대한 문제점보다는 장점을 먼저 찾아보는 것이 중요하다.
- 새로운 방법에 대한 감정적 접근보다는 이성적 접근이 중요하다.
- 무엇을 얻는 것도 중요하지만 '지금 가지고 있는 것 중 무엇을 버리는가' 가 더 중요할 수 있다.

---

* 여기서 열린 마음과 귀가 얇은 것에 대한 오해의 소지가 있다.
  - 열린 마음: 들어 보고 자신과 맞는지를 따져 보는 과정
  - 귀가 얇은 것: 자신의 처지를 고려하지 않고 무조건 받아들일까 고민하는 것

- 실수나 실패를 두려워하지 말아야 한다. 새로운 방법을 실행하다가 실수를 범했을 때, 말 그대로 그것은 실수이지 새로운 방법의 단점이 아니라는 것을 확실히 알아야 한다.
- 많은 사람이 새로운 방법을 피하는 이유는 방법이 나빠서가 아니고 불편해서다.
- 새로운 방법이 완벽해지기 전까지는 이것을 익힌 것에 대해서 '좋다, 나쁘다.'의 평가를 내려서는 안 된다.

😊 자신감: 자신감을 가지고 경기하기

궁극적인 스포츠 정신의학/심리의 목표는 바로 자신감을 가지고 경기를 하는 것이다. 자신감을 가지기 위한 조건은 다음과 같다.

- 경기 전에 선수는 자신을 조절할 수 있다는 자신감이 있어야 한다.
- 선수들은 경기장에서 최고의 운동 능력을 보여 주어야 하지만, 그것이 완벽한 운동 능력을 보여 준다는 것은 아니다. 즉, 최고의 운동 능력이 완벽한 것은 아니기 때문에 항상 보완되고 수정되어야 한다.

따라서 이 책은 선수가 경기 중 혹은 경기 전후에 자신의 게임을 할 수 있는 실질적인 수행 방법들을 모아 두었다.

👤 책임: 경기 중 심리 상태에 스스로 책임을 져야 한다

선수가 경기를 자신의 것으로 만들기 위해서는 자신의 심리 상태를 자신이 해결하고 이끌어 나가는 책임을 스스로 져야 한다. 그러기 위해서는 다음의 두

가지가 중요하다.

- 명확한 수행 목표(goal)와 과제(mision)가 있어야 한다. 운동을 하기 위해 무슨 목표를 가져야 하는지, 어떤 타입의 선수가 되고 싶은지, 경기를 지배하기 위해서 어떤 행동을 하고 싶은지 명확히 정의 내리고 있어야 한다. 수행 목표에는 방향성, 연습의 강도, 연습 때마다의 세부 과제가 있어야 한다. 그래야만 매일매일의 어려움을 극복할 수 있다. 훌륭한 선수가 되고 싶다면, 늘 수행 목표를 지니고 있어야 한다.
- 하나의 결과만을 생각해야 한다. 즉, 동작 하나하나에 집중을 할 수 있어야 한다. 한 번의 동작을 가지고 무수한 결과를 생각하게 되면, 자신의 감각적 기억(운동 감)을 해칠 수가 있다.

🫂 정체성

정체성이란, '내가 누구인가'를 아는 것이다. 즉, '나는 어떤 선수인가'를 아는 것을 '스포츠 정체성'이라 한다. 따라서 스스로를 책임지는 것은 정체성의 문제이기도 하다. 프로 선수일수록 진정으로 자신이 책임을 지는 습관을 가지는 것은 매우 중요하다. 경기 중 실수나 나쁜 결과가 나오면 경기장 상태, 날씨, 심판, 동료 탓으로 돌리고 자신의 책임감은 끝나는 경우가 있다. 하지만 결과에 따라 연봉과 경기 출전이 결정되는 프로 세계에서 이와 같은 습관은 갑작스러운 실수 혹은 입스에 빠질 위험성이 높으며 이는 곧 무책임한 핑계에서 비롯된다고 볼 수 있다. 핑계를 댈 수 없는 순간에 갑작스러운 운동 능력의 저하와 불안이 속출할 수 있다.

일부 선수들 중에는 자신에 대한 잘못된 믿음을 가지고 있는 경우가 종종 있다. 그리고 자신감을 얻기 위해 자신을 지나치게 학대하는 경우가 있다. 다음의 경우 흔히 발생하는 잘못된 믿음의 사례들이다. 자신이 다음의 경우와 얼마나 일치하는지 비교해 보자.

- 자신에게 관련된 모든 사람을 다 만족시켜야 한다(팀 동료, 팬, 언론, 감독님, 코치님).
- 강박적으로 매번 효과적이고 생산적인 일을 해야 한다. 소모적이고 무가치한 일은 할 필요가 없다.
- 항상 모든 일은 내가 의도한 대로 가야 한다. 내가 의도하지 않은 곳으로 가면 큰 일이 발생할 것이다.
- 항상 나와 관련된 사람(코치님, 감독님, 트레이너, 팀 의사)은 나를 공평하게 대하거나 혹은 우대해 주어야 한다. 그렇지 않으면 나는 크게 잘못된 평가를 받고 있는 것이다.
- 외부의 스트레스가 해결되지 않으면 나는 심리적으로 상당히 불안정하게 되어서 운동에 많은 영향을 미칠 것이다. 집안일, 가족, 친구, 애인과의 문제가 해결되지 않은 채 그들과의 관계를 경기 중에 생각하는 순간 경기력의 급격한 하락을 보이는 선수가 있다.
- 지금 상황을 책임지는 것보다는 피하는 것이 훨씬 편하다.
- 지금 발생한 문제가 빨리 해결되지 않으면 계속해서 나쁜 결과들이 발생할 것이다. 자신의 실수를 지금 빨리 복구하려다 연속적인 실수를 자꾸 범하는 것이다.
- 과거와 똑같은 잘못이 발생되면 해결할 방법이 없을 것이다. 어제 실수가 오늘 반복된다면, 나는 슬럼프에 빠진 것이다.
- 좋은 일은 기다려야만 나에게 일어나기 마련이다. 좋은 일은 내가 만들어 가지 않으면 좀처럼 나에게만 기회가 오지 않는다.

🎯 임무의 수행

임무가 없는 맹목적 연습은 고된 노동과 같다. 임무가 없으면 목표에 도달하는 시간은 자연히 길어지고, 시간이 길어지면 중간에 목표를 포기하여 낙오하게 될 가능성이 높다.

우수한 선수들은 모두 자신만의 적절한 목표를 가지고 있다. 그중 더 구체적으로 가장 간단한 '행동 목표(action goal)'라는 것을 세운다. 즉, 행동 목표는 "지금 위기니까 잘해야지." 하는 추상적인 목표가 아니고 "지금 주자가 1루에 있으니까 1루 쪽으로 밀어 친다. 나는 밀어 칠 때 항상 하프 스윙만 했으니까 하프 스윙으로 공을 배트에 맞추기만 한다."라는 식의 가장 단순한 행동을 만들어 낼 수 있는 목표를 이야기한다.

행동 목표는 선수의 생각을 지배하고, 집중력을 향상하며, 최고의 운동 능력을 발휘하는 데 방해가 되는 요소를 제거하며, 현재 선수가 놓인 위치에서 가장 적절한 행동을 하게 만들어 준다.

명확한 임무 수행을 위해서는 다음과 같은 자세한 내용들이 고려되어야 한다.

- 임무는 평소 훈련과 일치해야 하며 방향성이 있어야 한다.
- 항상 훈련에 의미를 부여하라.
- 스트레스는 최소한으로 하여야 한다.
- 최대의 강도로 시행되어야 한다.
- 긍정적 목표와 부정적 목표를 구분하라. 만약 자신이 행동 목표를 세웠는데 그것이 자신을 계속 불안하게 만든다면 그것은 과도한 부정적 목표를 세운 것이다. 긍정적인 목표는 그 성공 여부에 상관없이 선수의 불안을 줄인다.

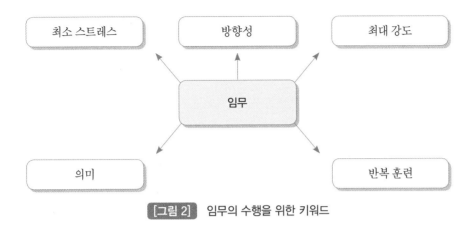

[그림 2] 임무의 수행을 위한 키워드

- 희망과 믿음의 차이를 구분하라. 스포츠에서는 희망이라는 단어가 항상 긍정적 의미를 지닌 것은 아니다. 선수가 갖는 희망과 믿음의 차이는 다음과 같다. "이 슛이 들어가면 좋겠다."와 "이 슛은 들어간다."의 차이는 내 움직임을 구체적으로 끌고 가는가, 못 가는가의 차이를 만들고, 결국 행동에 큰 차이를 만들게 된다.

다음의 단어들은 프로 스포츠에서 챔피언이었던 사람들의 특징을 모아 놓은 것으로 임무 수행을 위해서 자신이 기억해 둘 만한 좋은 참고 단어들이다. 빈칸에는 자신이 좋아하는 단어들을 더 채워 넣을 수 있다. 표는 자신의 취향에 따라 더 커질 수도 작아질 수도 있다.

〈표 1〉 임무 수행을 위해 기억해 둘 참고 단어

용기	정직	헌신	스포츠 정신
재미	이타적	즐김	정신력
초점	통솔력	침착	집중
자부심	노력	냉정함	항상성
통합	끈기	배우려는 자세	경기의 가치
신용	경기를 즐김	의무	팀동료

　　앞의 단어들을 되새기면서 매일 구체적으로 자신을 되돌아보는 시간이 필요하다.

　　다음은 구체적 질문에 대해 자신이 대답할 수 있는 일기 형식의 자기 보고서이다. 자신만이 보고 적을 수 있기 때문에 구체적이고 실질적인 대답을 기록하는 것이 많은 도움이 될 것이다. 하루 연습, 시합을 되돌아보는 것을 머릿속에서만 그친다면 적어 두는 것보다 그 효과와 지속됨은 현저하게 떨어질 것이다.

피드백: 훌륭한 선수가 되기 위한 일기

···▶ 오늘 나에게 해 줄 말은 무엇인가?

···▶ 오늘 경기/연습을 어떻게 즐겼는가?

···▶ 오늘이 당신 선수 인생에서 마지막 시즌이었다면 어떤 태도로 경기에 임했을 것인가?

···▶ 오늘 경기에서 다른 선수들이 당신의 모습을 보고 감동했을 행동은 무엇인가?

···▶ 현재 당신의 우상은 누구인가?

⋯▸ 오늘 기분을 그렇게 만든 사건은 무엇인가?

⋯▸ 어떤 순간이 이 스포츠에 매력을 느끼게 만들었는가? 무엇이 이 스포츠를 재미있게 만들었는가?

⋯▸ 당신은 어떤 타입의 선수인가?

···▶ 은퇴 후에 당신의 어떤 경력을 가장 소중하게 생각하겠는가?

···▶ 앞의 질문에 대답한 후 다시 한번 생각해 보자. 당신은 어떤 타입의 선수인가?

> **문진**
>
> 선수 면담 시 이용되는 상담 방법이다. 일반적 심리상담 혹은 정신과 상담법에 운동 특성이 가미되어
> 있다.

1. 신상 정보

> 상담을 진행하기 전, 귀하를 돕기 위해서는 귀하에 관한 여러 가지 정보가 필요합니다.
> 아래 질문에 진솔하고 정성스럽게 대답해 주시길 바라며, 모든 정보는 비밀을 유지합니다.

1) 인적 사항

성명		성별	☐ 남 ☐ 여	
생년월일	년 월 일	연락처		
		E-mail		
주소				
학력	☐ 초등학교 졸업 ☐ 중학교 졸업 ☐ 고등학교 졸업 ☐ 대학교 졸업 ☐ 대학원 졸업 이상			
직업				
거주사항	☐ 자가 ☐ 타가 (자취, 친척집, 하숙, 전·월세)			
종교		흡연/ 음주	흡연: 예 아니요 음주: 예 아니요	
취미		세부종목 (주종목)		
운동시작	세/ 초 중 고	운동시작 동기		
운동경력	년 개월	최근의 운동기능		

올해의 목표		
선수로서의 최종목표		
입상 경험	국제	
	국내	

2) 가족사항(※ 가족 외에 함께하는 사람도 모두 적어 주시길 바랍니다.)

성명	관계	연령	학력	직업	건강 상태	운동 지지 정도 나쁨　　　좋음	비고 (동거 여부)
					상 중 하	1 2 3 4 5	
					상 중 하	1 2 3 4 5	
					상 중 하	1 2 3 4 5	
					상 중 하	1 2 3 4 5	
					상 중 하	1 2 3 4 5	
					상 중 하	1 2 3 4 5	
					상 중 하	1 2 3 4 5	

가족 형태	☐ 미혼　　☐ 결혼　　☐ 이혼　　☐ 사별　　☐ 별거　　☐ 재혼		
아버지	선수에 대한 기대	높음 · 보통 · 낮음	
	선수에 대한 태도		
	성격		
어머니	선수에 대한 기대	높음 · 보통 · 낮음	
	선수에 대한 태도		
	성격		
선수	부에 대한 태도		
	모에 대한 태도		
	성격		
선수와 형제와의 관계			
선수와 가장 가까운 사람		부 · 모 · 조부 · 조모 · 형제 · 친구 · 친척 · 기타 (　　　　)	

3) 요즘 자신이 겪고 있거나 문제라고 고민하고 있는 사항에 모두 V표 해 주십시오.

분류	세부사항
가족	☐ 부부간의 갈등/폭력 ☐ 부모–자녀 관계문제 ☐ 경제/환경 ☐ 친인척관계 ☐ 부모의 자녀학대/방치 ☐ 가족구성원의 부재(사별, 별거, 가출) ☐ 형제갈등
대인관계	☐ 친구관계 ☐ 이성관계 ☐ 직장동료관계 ☐ 선/후배와의 관계
정서	☐ 우울 ☐ 불안 ☐ 불면 ☐ 외로움 ☐ 자살충동(자해) ☐ 공포 ☐ 분노
성격	☐ 충동적/공격적 ☐ 의존적/우유부단 ☐ 자기중심/독단적 ☐ 소극적/과민 ☐ 부정적/불만
성	☐ 성추행/폭행 ☐ 성충동조절 ☐ 성정체감/태도 ☐ 성지식
기타	☐ 건강 ☐ 외모 ☐ 습관 ☐ 음주 ☐ 도박 ☐ PC과다사용(게임,인터넷) ☐ 직접 입력( )

분류	세부사항
개인적/ 사회적	☐ 식사 문제 ☐ 자살 문제 ☐ 불안 관리 ☐ 부상 회복 ☐ 생활의 안정
대인관계	☐ 결혼/이성교제 ☐ 부모문제 ☐ 코치 ☐ 선수 ☐ 집단/팀관계
수행강화	☐ 침착성/자신감 ☐ 집중력 ☐ 환경 관리 ☐ 훈련 상황 ☐ 정신적 준비 ☐ 경쟁 후 보고 ☐ 분노
시합결과	☐ 승리 ☐ 실패

4) 상담을 신청하게 된 동기는 무엇입니까?

☐ 본인이 원해서 ☐ 가족의 권유 ☐ 친구나 지인의 권유 ☐ 기타:

상담 및 심리검사 받은 경험	☐ 있다	☐ 없다
상담 경험이 있다면 언제, 어디서, 무슨 일로 하였나요?		

심리검사

1. 심리검사 첫 전화 인터뷰

• 가족 내 역동과 부모의 연계성을 제공받을 수 있다.
• 어떠한 이유에서 치료를 원하는가에 대한 질문에서 무엇을 경험하고 주된 문제가 무엇인지 파악할 수 있다.
• 가족의 의사소통 체계의 개방성을 평가할 수 있다.
• 치료자(상담자)가 운동선수의 관점을 존중한다는 것을 간접적으로 알림 → 라포를 견고하게 할 수 있는 기회

▶ 첫 연구실 인터뷰

정보 수집 요인	하위 요인
1. 신상 명세	이름, 나이, 취미, 졸업 후 진로, 운동에 대한 집착, 학력······
2. 주 증상	방문 목적
3. 현 병력	문제점의 발생 시기

현 병력 탐색 시 검사 요인

I. 환경적 요인

1	경쟁적인 환경	1) 경쟁 시기에 수행 수준 2) 시즌 시기 3) 경쟁의 중요성과 수준(단계) 4) 경쟁자 5) 경쟁적인 면에서의 친밀과 위로
2	신체 상태	1) 트레이닝의 빈도와 강도 2) 기술 3) 현재 몸 상태: 가벼운 부상, 심한 부상, 피곤함

3	경쟁(시합/대회)에 대한 현재 준비 상태

(   ) 전혀 준비가 되지 않았다.
(   ) 준비가 된 했지만 어느 정도의 도움이 필요하다.
(   ) 시합에서 자신 있게 임할 준비가 되었다.

```
0    1    2    3    4    5    6    7    8    9    10
```

II. 사회적인 영향들

1	팀동료, 경쟁자, 지도자, 부모
2	최근에 관계의 변화가 있었나?
3	최근 학교나 직장에서의 관계의 변화가 있었나?

III. 현재의 문제점

1	문제 발생 후에 어떤 일이 일어났는가?
2	나를 가장 잘 아는/가장 가까운 사람의 반응은 어떠한가?
3	어떤 종류의 생각과 행동을 가지고 있는가?
4	자신에게 화가 나는가? 아니면 다른 사람에게 화가 나는가? 누구인가?

IV. 심층조사

1	일관된 운동 패턴이 있는가?
2	어떤 상황에 문제가 가장 심각해지는가?
3	전혀 문제가 생기지 않는다는 확신이 드는가?
4	문제를 이겨내기 위해서 무엇을 할 것인가?
5	그 밖의 다른 의견은 무엇이 있는가?

4. 운동과거력	운동을 한 계기와 시기
5. 목표	선수 개인의 목표

6. 개인의 과거력		
-이성적인 문제	성경험(성폭력의 경험)	
-음주 및 약물남용	음주 및 약물 경험	
-일(학업)	운동에만 전념	
-법률적 문제(범죄력)	위법행동	
7. 가족력		
-형제 자매	운동선수 유무 형제애와 경쟁심 정도 역할 모델	
-부모들의 태도 및 부모의 운동력	부모들의 운동을 통한 경쟁의 열정 정도 부모들의 운동 종목	
8. 가족 대리	동료, 일반 친구들, 동료와 친구들의 부모들, 코치	
9. 코치/과거 코치의 관계	코치의 이미지, 장단점 부모와 코치의 관계	
10. 의학적 건강 상태	최근의 병력 유무 과거 or 현 정신과적 병력	
11. 스포츠 정신의학 정신 상태 검사	1. 일반적 기술	• 외양 • 행동 • 태도
	2. 기분과 정서	• 기분 • 정서 • 적절성
	3. 말 (예: 수다스러움. 장황. 달변가. 조용. 정상적 반응. 더듬현상. 이상한 리듬)	• 말의 양 • 속도 • 질 • 발음
	4. 지각_병리적 관점에서 서술하고 있음(삭제 Y/N?)	

	5. 사고	• 과정/형태: 사고의 양, 속도, 질문과의 관련성 • 내용: 망상, 몰입, 강박, 특정공포, 자살
	6. 감각과 인지	• 각성과 의식 수준 • 지남력 • 기억 • 집중력 • 읽기와 쓰기 능력 • 시각공간 능력 • 추상적 사고 • 상식과 지능
	7. 충동조절 선수가 성적, 공격적 충동을 조절할 수 있는지 파악함.	
	8. 판단과 병식	• 판단 • 병식
	9. 신뢰도	
12. 개인 비밀 보장	상담자와 내담자의 신뢰	
13. 운동선수 부모님 상담 　-만남과 감정적 지지 　-개입	목적 • 좀 더 자세한 정보 수집 • 운동력과 발달력 평가 • 가족의 역동을 평가	
14. 제안 　-진찰, 진단 　-치료계획 　-처방 　-3분의 1의 치료비 지불		

(참고자료) 한덕현 외(2004). 스포츠 정신의학. p. 251.

2. 심리 상태 검사

1) 일반적 기술

(1) 외양

선수를 만나는 순간부터 전반적 인상과 자세, 의상, 몸단장 등에서 나타나는 외양을 관찰하여야 한다.

외양을 표현하는 흔한 용어들로는 '건강하다' '병약해 보인다' '불안정하다' '안정돼 보인다' '어린애 같다' '나이 들어 보인다' '이상해 보인다' 등이 있다. 가령, 불안의 증후로는 손이나 이마에 땀이 나거나, 자세가 긴장되어 있거나 혹은 눈을 크게 뜨고 있는 것 등이다.

(2) 행동

선수의 운동행동의 질적, 양적 양상을 기술한다. 계속 움직이는지, 손을 가만두지 못하는지 등 여러 가지 신체의 움직임을 기술한다. 또한 정신 운동성 지연이나 신체 움직임의 전반적 저조 상태가 있는지 기술하고, 목적 없는 행동이 있는지도 기술한다.

(3) 운동 중 외양이나 행동

선수가 경기장에서 공격적이고 활발한 선수인지, 아니면 과묵하고 차분한 선수인지와 같은 경기나 시합 상황의 외양과 행동을 살펴보아야 한다. 또한 경기장에 있을 때와 면담할 때의 외양과 행동을 비교해 볼 필요가 있다.

2) 사고

사고란 인간의 고등 정신기능으로서 내부와 외부 자극에 대한 연상과 이해, 해석과 판단을 하는 총체적인 기능을 의미한다. 사고는 과정과 내용으로 나누어 설명할 수 있다.

(1) 사고과정

생각과 생각들 사이의 연결된 흐름을 사고과정 또는 사고의 흐름이라고 한다. 사고과정에는 다음과 같은 장애가 일어 날 수 있다.

① 사고의 비약

사고의 비약은 연상 작용이 비정상적으로 빠르게 진행되는 것을 말한다. 대상자의 생각과 대화가 하나의 주제에서 다른 주제로 빠르게 진행되는 형상이며 결국 결론에 도달하지 못하거나 엉뚱한 결론에 도달하게 된다.

② 사고의 지연

사고과정에서 연상 속도가 매우 느려짐으로써 사고가 원활하지 못하게 되는 현상을 말한다. 흔히 대상자들은 생각의 속도가 느려져 말을 아주 천천히 하며 잘 떠오르지 않아 말하기가 어렵다고 표현한다.

③ 사고의 두절

사고의 진행이 멈추어 버려서 순간적으로 사고의 공백이 생기는 것을 말한다. 말하고 있던 도중에 갑자기 중단해 버리고 조금 있다가 다시 또 이야기를 이어 나가는 것으로 나타나게 된다.

④ 사고의 부적절성
대화 도중 내용과는 맞지 않는 엉뚱한 대답을 하는 경우를 의미한다.

⑤ 사고의 일관성
자신의 생각을 정리하여 타인이 이해하기 쉽도록 일정한 주제를 유지하는 것을 사고의 일관성이라고 표현한다.

일반인과 운동선수의 사고과정의 장애

일반인	운동선수
사고의 비약	수행의 비약
사고의 지연	수행의 지연
사고의 두절	수행의 두절
사고의 부적절성	수행의 부적절성
사고의 일관성	수행의 일관성

(2) 사고의 내용

① 망상
현실에 맞지 않으며 고쳐지지 않는 잘못된 생각을 의미한다. 망상은 분명히 현실적인 사실과는 다르고, 이성적이고 논리적인 설명에도 불구하고 시정되지 않으며, 그 사람의 교육 정도나 문화적인 환경에 걸맞지 않는 잘못된 믿음 또는 생각을 말한다.

- **피해망상**: 다른 사람들이 자신을 부당하게 괴롭히고 속이며 고통을 주고 피해를 입히려 하고 인생을 비참하게 만들려 하며, 심지어는 자신을 죽이려 한다고 믿는다.
- **관계망상**: 아무 근거도 없이 주위의 모든 것이 자기와 관계가 있는 것처럼 생각하며 자기에게 어떠한 의미가 있는 것이라고 생각하는 것을 말한다.
- **과대망상**: 자신이 아주 위대한 인물이거나 특별한 능력(돈 · 권력)이 있다고 여기는 증상이다.
- **색정망상**: 사랑과 관련된 망상으로 모든 이성이 자기를 사랑하고 있다고 굳게 믿고 있거나, 혹은 현재는 자신을 잘 모르지만 실제로 만나게 되면 좋아하게 될 것이라고 확신하는 것이다.

② 건강염려증

사소한 신체적 증세 또는 감각을 심각하게 해석하여 스스로 심각한 병에 걸려 있다고 확신하거나 두려워하고, 실제적으로 이상이 없다는 의사의 설명에도 불구하고 비정상적으로 병이 반드시 있을 것이라고 생각하는 것을 말한다.

선수들의 건강염려증!

매일 반드시 어딘가가 아프다고 느끼는 선수. 이러한 선수의 경우 어제까지 무릎이 너무 아파서 치료받고 무릎 통증이 없어지면 다음 날 아침에 일어나서 다른 부위 아픈 곳이 어디인지 느끼려고 노력하고 조금이라도 아픈 곳을 찾아내서 이 부분을 트레이너나 코치 감독, 또는 팀 동료들에게 어필한다.

이러한 선수의 경우 선수 본인이 느끼기에 하루도 아프지 않은 상태로 연습이나 경기에 임한 적이 거의 없다. 선수 입장에서는 통증이 몸 여기저기를 돌아다니는 것처럼 느껴질 수도 있다.

물론 실제로 아프고 몸이 안 좋은 것도 있겠지만, 개인적인 생각으로는 어딘가 아픈 곳이 있고 통증이 느껴져야 뭔가 마음이 편안해지고 실패에 대한 두려움이 줄어든다고 느끼는 선수들이 항상 어딘가 안 좋은 부분을 찾는 것 같다.

또한 이런 선수의 경우, 몸이 가볍고 아무 데도 안 아프다고 느끼는 날, 훈련이나 경기에서 부상을 입는 경우가 많다.

③ 공포증

특정 대상이나 상황에 대해 국한되어 발생하는 공포를 특징으로 한다. 일반적으로 동물 공포증, 고소 공포증, 폐쇄 공포증 그리고 광장 공포증 등이 있다.

공포증과 불안은 어떻게 다른가?

공포는 대상이 확실하며, 불안은 대상이 확실하지 않은 두려움이다!

선수들의 공포와 불안을 구분하여 적절히 활용하라!

국가 대표 쇼트트랙 선수 A는 인터뷰 도중에 불안해서 스케이팅을 못 하겠다고 하였다.

무엇이 불안한지 그 이유를 물어보았다.

그러자 선수 A는 시합 중 아웃코스에서 인코스로 들어올 때 얼음파편을 밟고 넘어질까봐 불안하다고 하였다.

이 선수는 스케이트를 타는 것에 대한 불안을 느끼는 것이 아니라, 얼음파편이라는 대상에 대한 공포증에 걸린 것이라고 할 수 있으므로, 최대한 얼음파편을 피해 갈 수 있는 방법을 알려 주면 극복할 수 있을 것이다.

3) 감정

(1) 기분

기분이란 어떤 사람의 마음속에 나타나는 주관적인 정서 상태로 금방 사라지는 감정과는 달리 좀 더 긴 시간 동안, 적어도 몇 시간에서 며칠 단위로 지속되어 감정을 떠받치는 정신 상태이다. 기분은 불쾌한 기분, 정상적 기분, 유쾌한 기분으로 나뉜다.

(2) 정동

다른 사람에 의해서 객관적으로 관찰 가능하면서 일정 시간 동안 지속되는 정서 상태를 의미하며, 사람의 얼굴 표정 등 모든 표현행동의 양과 질 그리고 그 범위로부터 추정되는 것이다.

선수들의 기분과 정동을 구분하라!

다음은 정동을 이용하여 선수들의 감정을 다독이는 방법의 예시이다.

먼저 잘못된 격려 방법을 알아보도록 하자.

만약 감독이 "우리 이번 시즌 동안 열심히 했어! 오늘 결승 마지막 날이야 아주 중요한 날이니까 다 같이 오늘 열심히 하고 즐겁게 해야 우승할 수 있어! 한결같은 마음으로 시합에 임해라!"라고 선수들에게 이야기했다면 이것은 선수들의 기분과 정동을 고려하지 않은 방법으로 의미가 없다.

다음과 같은 방법을 사용해 보자.

1. 지금 시즌 막판이라 모두들 몸이 힘들고 다운이 돼 있어(기분)! 그렇지만 오늘 마지막 7차전이니까 오늘만큼은 끌어올려서 열심히 해 보자(정동)!

2. 선수 A, B는 다운이 좀 되어 있는 것 같고, C, D는 조금 괜찮아 보이는 것 같네(기분). 하지만 오늘은 결승 마지막 경기니까 본인이 최대한 할 수 있는 만큼 파이팅해 보자(정동)!

이와 같이 기분과 정동을 구분하여 선수들에게 이야기를 해 주어야 선수들이 본인의 현재 감정을 다룰 수 있도록 도움을 줄 것이다.

4) 행동

행동은 정신활동의 결과로 드러난 총체적인 외적 표현을 말한다.

(1) 과잉행동
과잉행동 환자는 행동 목표가 수시로 바뀌고 한 가지 일이 끝나기 전에 다른 일을 시작하는 등 주의력이 산만한 경우가 많고, 겉으로 보기에는 굉장히 바쁜 것 같으면서도 실제로 이루어 놓은 일은 거의 없는 수가 많다.

(2) 저하된 행동
저하된 행동은 가볍게는 동작이 느리고 일을 시작하기가 힘든 정도에서부터 심하게는 혼수 같은 거의 운동이 없는 상태까지 그 정도가 다양하다. 사고의 흐름 역시 느리고 말도 느린 것이 보통이다.

(3) 반복행동

다른 사람이 보기에는 의미가 없는 행동을 반복적으로 하는 것을 말하며 상동증이라 불린다.

(4) 강박행동

자신의 행동이 무의미하다든지 불필요하다는 것을 알면서도 불안감과 함께 수없이 반복하게 되는 행동을 의미한다.

선수의 반복행동과 강박행동

다음은 반복행동일까? 강박행동일까?

1. 40대 야구 선수 A가 은퇴를 2년 앞둔 시점에 친정 구단으로 다시 돌아왔지만 타율이 1할대로 떨어졌다. 그 선수는 그것을 극복하기 위하여 새벽 2시까지 배팅 연습을 하였다.

2. 센터인 농구 선수 B는 공을 잡으면 바로 터닝을 돌아야 할 상황에도 꼭 드리블을 한 번 치는 행동을 하여 뒤에 붙은 수비에게 공을 뺏기곤 한다.

1번은 반복행동이다. 새벽 2시까지 공을 잘 치기 위해 아무런 생각 없이 의미 없는 스윙을 반복했기 때문이다.

2번은 강박행동이다. 자신의 불안을 해소하기 위해서 선수가 의미 없는 불안감소 행동을 계속했기 때문이다.

반복행동과 강박행동을 고치려면 어떻게 해야 할까?

반복행동은 의식적 행동이다. 만약 40대 야구 선수 A에게 감독이 "너 나이에 그렇게 휘두르다가는 내일 경기가 힘들어질 것이다. 내가 너의 타율이 낮든 높든 20경기는 보장해 줄 테니 이제 들어가서 쉬어라."라고 한다면 그 선수는 들어가서 쉴 가능성이 크다.

강박행동은 불안과 무의식과 관련된 행동이다. 강박행동은 다른 강박행동으로 고칠 수 있다. 농구 선수 B에게 "공을 잡으면 드리블을 하지 말고, 눈을 한번 깜빡이던지, 손으로 어깨를 한번 치고 슛을 쏴라!"라고 한다면 고쳐질 가능성이 있다. 강박행동은 고치는 데 시간이 걸리므로 이 점을 감안하여야 한다.

5) 상담을 통해 도움받고 싶은 내용

3. 라포

1) 라포란

라포는 관계성이란 원래 프랑스어인 rapport의 번역어이다.

- 사람과 사람의 마음이 연결된 상태, 마음이 서로 통하는 상태
- 상대방과의 사이에 형성되는 신뢰관계, 협조관계, 협응관계를 의미
- 라포가 형성되면 안정감, 신뢰감이 느껴지고 내심까지 공개
- 성공적인 의사소통의 본질
- 다른 사람과 함께 결과를 만들어내는 결정적인 도구
- 성공을 위한 가장 중요한 자원을 개발하는 방법

라포는 크게 세 가지 측면에서 이루어진다.

첫째, 신체적 상태에서 이루어진다. 이것은 눈(시선)의 위치, 눈빛, 얼굴 표정, 얼굴 근육의 긴장도, 몸의 자세, 동작 등을 말한다.

둘째, 정서적 상태로 이루어진다. 여기에 속하는 요소로는 호흡, 음정, 음색, 말의 속도, 리듬 등이 있다.

셋째로 언어적 상태로 이루어진다. 여기에는 말의 의미, 내용, 표현, 단어 자체 등이 고려된다.

2) 라포 형성 기법

(1) 미러링

상대방과 같은 자세와 동작을 취하는 것을 말하며 이런 상태가 되면 '함께 있다' '마음이 서로 통한다'라는 느낌을 갖게 된다.

미러링이란 인간의 심리를 이용해서 상대의 마음에 들어가는 것으로 동작이나 자세를 자연스럽게 상대에게 맞추어서 경계심을 푸는 테크닉이다. 미러링을 능숙하게 실행하려면 상대를 자세히 관찰식별하여 사진의 움직임을 자연스럽게 상대에게 맞추어야 한다.

- 상대의 표정에 자신의 표정을 맞춘다.
- 같은 타이밍으로 차를 마신다.
- 팔짱을 끼거나 다리를 꼬는 동작을 맞춘다.
- 의자에 앉는 방법, 손을 놓는 위치 등 자세를 맞춘다.

(2) 백트래킹

상대방의 말을 반복하는 것을 의미하며, 의사소통에서 가장 중요한 요소이다. 상대방의 이야기에 귀 기울이는 것, 즉 경청이 목적이다.

백트래킹은 상대방이 한 말을 앵무새처럼 반복해서 피드백하여 대화에 탄력을 불러일으키는 대화법이다.

이야기하는 중간중간에 상대방이 말한 핵심 단어를 맞장구치듯이 그대로 되풀이하는 것이다. 상대방에게 '저 사람이 내 말을 귀기울여 듣고 있구나' 하는 느낌을 줄 수 있다. 구체적인 방법으로는 다음 세 가지가 있다.

- 상대가 말한 사실을 반복한다.
- 상대가 말한 감정을 반복한다.
- 가끔 말의 내용을 요약해서 들려준다.

(3) 페이싱

라포를 형성하기 위해 호흡이나 동작, 음조 등을 상대방과 맞추는 것을 페이싱이라고 한다.

페이싱은 라포를 형성하기 위한 기본적인 기술로 시각, 청각, 체각의 보조를 맞추며 일치감을 형성하는 것이다.

(4) 리딩

페이싱으로 형성된 라포를 어떤 문제 해결을 위해 보다 나은 상태로 이끄는 것, 즉 사진의 의도대로 상대를 이끄는 것이다.

◆ 관찰식별

상대방을 보고 거기에서 상대방의 상태를 읽는 것을 캘리브레이션(내면 정보 수집)이라고 한다.

상대를 관찰하는 것이기 때문에 오감을 민감하게 작동해야 한다. 오감이란 시각, 청각, 신체감각, 후각, 미각을 말한다. 관찰식별을 반복하면 상대의 미묘한 움직임과 변화에서도 감정을 읽어 내는 능력이 생긴다.

우리는 커뮤니케이션을 하는 상대에게 말 이외에 자세, 움직임, 호흡, 표정, 음정 그리고 템포의 변화 등 여러 가지 신호를 보내고 있다.

의식적으로 관찰식별을 연습하면 상대의 변화를 더 잘 눈치챌 수 있다. 이런 능력을 높이려면 상대의 표정, 피부색, 눈의 움직임, 눈 깜박임, 호흡의 빠르기와 깊이, 음정, 속도 등에 신경을 쓰도록 노력을 기울여야 한다.

PART II
야구 편

B A S E B A L L

1. 시합을 위한 준비

　구체적인 경기의 준비는 '시합 전 준비'부터가 진짜 준비인 것이다. 아무리 다짐을 하고, 일기를 쓰고 연습을 해도 마음, 행동, 신체적 준비가 되어 있지 않으면 자신의 실력을 발휘할 수 없다. 따라서 구체적이고 체계적인 시합의 준비는 선수로서는 필수사항이다.

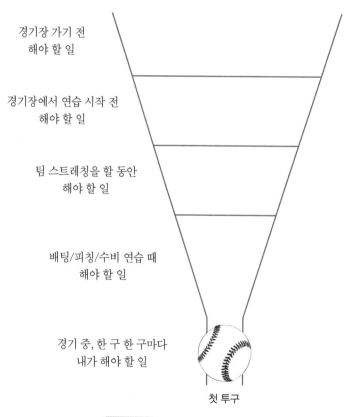

경기장 가기 전
해야 할 일

경기장에서 연습 시작 전
해야 할 일

팀 스트레칭을 할 동안
해야 할 일

배팅/피칭/수비 연습 때
해야 할 일

경기 중, 한 구 한 구마다
내가 해야 할 일

첫 투구

[그림 3] 시합을 위한 준비

1) 시합 전 준비: 마음의 준비

(1) 내가 제일 뛰어난 선수라는 준비

'정신력'이라는 단어와 가장 적합한 상황은 '전쟁'이다. 전쟁에 나가기 전에 갖는 마음의 자세라는 의미이기도 하다. 전투가 벌어지기 전, 군인들은 상대방의 공격 루트와 대응 가능한 준비 태세라는 두 가지 부분에서 많은 생각과 결정을 할 것이다. 그런데 여기서 가장 중요한 것은 일단 내가 가장 강하기 때문에 강한 나를 쓰러뜨리기 위해서 상대방은 나에게 어떻게 할 것이라는 확고하고 단순한 가정이 필요하다. 내가 상대방보다 약하니까 혹은 비슷하니까, 상대방이 나를 이렇게 할 것 같기도 하고 저렇게 할 것 같기도 하는 생각이 들기 시작한다면 그것은 나의 생각을 복잡하게 만들고 나에게 생각이 많아지게 만든다. 그것은 곧 자신감 상실로 이어지게 된다.

(2) 자신의 준비는 자신이 하자

자신이 신인이었던 시절을 기억하라. 경기 전 테이핑에서 장비를 챙기는 일까지 자신을 위한 준비는 모두 자신이 하였다. 항상 초심을 유지하겠다는 말은, 가장 기본적인 신인 과정의 준비를 반복하는 것에서부터 시작해야 한다.

ⓧ 연습을 위한 정신 준비

* **연습을 기다려야 한다:** 연습에 대한 생각을 하루 중에 약간은 해야 한다. 시합 중에 자신이 곤란했던 순간을 기억했다가 내가 어떻게 연습을 해야지 하는 생각을 해야 한다.
* **언제부터가 연습이라는 시간을 정해야 한다:** 집에서 나와서 차에 타는 순간, 옷을 갈아입는 순간, 팀 스트레칭을 위해 줄을 서는 순간 등 자신만의 훈련의 시작점을 가지고 있어야 한다. 그리고 그 시작점이 일정해야 한다.

*하루에 한두 개의 임무를 정해야 한다: 선수들은 자신이 하루에 성취해야 할 임무를 한두 개씩 가지고 있어야 한다. 만약 선수들이 그것을 가지고 있지 못하다면, 코치들은 선수가 하루에 성취해야 할 임무를 정해 주고 그것의 중요성을 꼭 이야기해 주어야 한다. 중요한 것은 선수가 직접 세워야 한다. 그러면 그것이 버릇이 되고, 쓰는 도중 좋은 생각이 떠오르기도 한다. 메이저리그에서 오랫동안 견디고 머무르는 선수는 이것이 몸에 배어 있다.

2) 경기장 가기 전 준비

항상 선수 자신이 수행하고 있는 루틴을 지키도록 행동한다. 간혹, 선수가 개인 준비물을 챙기지 못한 상황이 발생하는 경우, 루틴이 깨졌다는 인식 때문에 경기에 대한 긴장감이 높아지거나 스스로 부정적인 경기 결과 예측을 하는 사례가 있다. 이러한 상황에서는 적절한 대처 방안을 준비하도록 한다.

매번 일정한 경기 시간을 부여받은 선수들은 긴장감도 유지해야 하지만 상대 팀에 따라 자신의 역할이 무엇인지에 대한 구체적 상황을 그려 보는 것도 중요하다. 흔히 말하는 이미지 트레이닝이다. 경기장 도착 후 라커룸에서 잠시 자신의 시간을 갖고 짧은 시간 안에 '역할 정리하기' 이미지 트레이닝이 필요하다.

3) 경기장에서 준비

⑴ 야구 이외의 중요한 일들을 간단히 정리하고 이제 야구 선수가 될 준비를 하자

프로 선수는 운동만을 할 수 없다. 사회생활을 겸비한 사람이 프로 선수인 것이다. 따라서 경기장 이외에서의 사회생활의 스트레스는 존재하기 마련이고 그것을 가지고 고민하고 해결하는 사회생활도 존재하기 마련이다. 따라서 사회적 일을 경기 중에 잠시 보관해 두어야 할 정신적 보관함을 상상 속에 마련해 두어야 한다. 그래서 경기장에서 사물함에 잠시 보관하였다가 경기 후에 다시 가지고 나가는 정신적 리허설을 해야 한다. 마치 슈퍼맨이 회전문을 통과하면 허술한 사무원에서 엄청난 힘을 가진 슈퍼맨이 되듯, 경기장의 한 문을 통과하면 자신은 이제 프로 선수로 변하게 되는 것이다.

(2) 선수가 익숙한 환경을 먼저 방문한다

화장실, 샤워실, 탈의실 등 무엇이든 익숙한 곳을 방문하는 것은 긴장 이완과 집중을 위해서 좋은 방법 중에 하나다. 그리고 평소 자신이 연습했던 것이 몸에 내재적 기억으로 되살아나기 위해 몇 개의 큐를 제공하는 방법이다.

(3) 당신이 집중할 장소를 먼저 찾는다

스트레칭, 연습, 시합 중 자신이 당황하거나 집중을 못 할 때 타깃으로 삼을 수 있다. 전광판, 스코어보드 등 자신의 수비 위치, 타격 폼에 따라 무엇이든 타깃이 될 수 있다. 다만, 자극적인 광고 문구나 움직이는 타깃은 좋지 않다.

(4) 자신이 만들어 놓은 임무를 수행한다

연습이든 시합이든 경기 중 자신은 그 임무만을 수행하면 된다. 가장 이기적인 방법이 될 수도 있지만, 가장 안정적인 경기를 할 수 있는 방법이기도 하다.

4) 팀 연습 시간에 몸 풀기

(1) 기분 상태를 확인한다

나의 기분이 어떤가를 의식적으로 확인하는 것과 하지 않는 것은 연습 때 부상의 발생률을 줄일 수 있으며 경기 중 불안을 조절할 수 있다.

(2) 스트레칭하기 전에 호흡 조절을 한다

호흡 조절은 모든 이완 훈련의 시작이며, 운동 수행 리듬을 일정하게 하는 데 가장 중요한 과정이다.

(3) 시합 전 타격 연습과 수비 연습

내가 시합 때 공을 보내고 싶은 방향으로 연습을 한다. 따라서 한 방향으로만 연습을 하면 안 된다. 시합 때는 경우에 따라서 여러 방향으로 공을 보내야 하기 때문이다.

(4) 효과적인 연습 방법

연습의 효과를 올리기 위해 권해 주는 몇 가지 방법으로는 다음이 있다. 첫째, 스트레칭에 집중한다. 둘째, 포구에 집중한다. 셋째, 가상 연습을 한다. 넷째, 긴장을 풀고 오늘의 시합을 상상한다.

5) 시합 후의 깨달음을 얻기 위한 방법: '피드백'

"시합 후 복습은 다음 시합을 위한 최초의 연습이다."
시합 후 다음의 질문을 통해 각자 공부를 해야 한다.

- 오늘은 임무가 무엇이었나? 그것을 오늘 얼마나 성취했는가?
- 시합 전 준비를 철저히 했는가? 평소에 하던 것 중에 바꾸면 도움이 될 것이 있나?
- 시합 전 준비한 것에 몇 점이나 주겠는가?
- 오늘 (시합 외 조건으로) 마음은 편했는가? 그것이 도움이 되었는가? 해가 되었는가?
- 한 번에 하나의 공을 던지려고 노력했는가?
- 공 던질 때, 어느 시점에서 조절을 하려고 했는가?
- 공을 어떻게 던지겠다고 계획을 세웠는가?
- 공을 던질 때 자신을 믿었는가?
- 시합 중에 평상심을 잃었는가?
- 오늘 개인 신호등은 어떤가? 노란불이나 빨간불을 어떻게 이겨냈는가? (어느 시점에서 긴장이 되었나? 게임이 정신없이 지나갔나? 그때 어떤 생각을 했나?)
- 자기 조절이 안 될 때 어떤 방법을 썼나? 얼마나 효과가 있었나?
- 자신의 행동 결과보다는 과정에 얼마나 중점을 두고 생각을 하였는가?

> 시합 후 결과를 가지고 이제 자신에게 주어진 책임을 분석하는 시간이 필요하다.

다음은 경기를 되돌아볼 때 자신에게 가장 필요한 항목을 일기로 만든 사례이다.

각 질문에 자기의 예를 적으라. 왼쪽에는 가장 좋았을 때의 자신의 반응을, 오른쪽에는 가장 나빴을 때의 반응을 적어라.

	컨디션이 최고일 때	컨디션이 최악일 때
가장 힘든 상대가 누구였는가?		
시합 전에 무슨 생각을 가장 많이 했는가?		
경기 중에 자신에게 뭐라고 중얼거렸는가?		
경기 중 자신의 감정 상태가 어땠다고 말할 수 있는가?		
경기 중 무엇에 집중하였는가?		
평소와 다른 점이 무엇이었는가? 예를 들면, 공이 더 커 보였다든지, 몸이 무겁게 느껴졌다든지, 가볍게 느껴졌다든지……		

두 반응을 비교하고 당신의 마음속에서 어떤 다른 반응이 나타나는지 알아보라.

2. 책임감

1) 책임감 있는 선수

- '운'도 조절할 수 있었다고 생각한다. '운'이 없게 일어난 일 다음의 상황에 자신이 어떻게 행동하였는가를 분석한다.
- 여러 선택의 순간을 숙소로 복귀하여 따져 본다.
- 실수한 것을 통해 많은 가르침을 받는다.
- 죄책감이 아닌 책임감을 느낀다.
- 자신의 능력을 아는 것에 최선을 다한다.
- 어떤 것을 통해 자신이 성공했고 또 지속적인 성공을 위해서 무엇을 해야 하는지를 알고 있다.

2) 책임감 없는 선수

- 모든 것을 운이나 재수로 여긴다.
- 다른 선택이 없었다고 이야기한다.
- 실수를 통해 배우는 것이 없다.
- 책임감보다는 죄책감으로 괴로워한다.
- 중압감, 긴장 등을 많이 느낀다.
- "○○○를 해야만 하는데……."라는 말을 많이 한다.
- 실수에 대해 관대하다.

3) 선수들이 책임을 지지 않으려는 이유

- 지금 현재 실수한 위기를 모면하기 위해
- 자신의 이미지 손상을 받지 않기 위해
- 나쁜 평판을 들을까 봐
- 다른 사람에게 위로와 주의를 받고 싶어서
- 너무 자만해서

3. 경기하기: 한 번에 하나의 투구하기

다음은 한 번에 하나의 투구하기를 가장 잘 표현한 LA다저스의 전설적인 투수 오렐 허샤이저(Orel Hershiser)의 명언이다.

> "나와 포수가 다음번 투구를 결정하였다면 그것으로 끝이다. 타자석에는 아무도 없다. 다음 이닝, 다음 게임, 다음 타자, 내 뒤의 투수는 존재하지 않는다. 나는 다음번 투구를 위해 이번 투구를 했다."

이제 본격적인 경기 속으로 들어가 보자. 경기 중에 집중하고 긴장을 푸는 요령들이 나와 있다. 똑같이 따라 하는 것이 중요한 것이 아니라 제시된 방법 중에 얼마나 자기에게 효과적인 방법을 찾아 응용하느냐가 관건일 것이다. 무조건 따라 하는 성실함은 대부분의 선수에게서 찾아볼 수 있다. 하지만 그것을 응용하여 자기 것으로 만드는 것은 심리적으로 유연한 엘리트 선수에게서 볼 수 있는 모습이다.

1) 한 번에 하나의 투구를 위한 과정

이 책에서 가장 강조되는 내용 중에 하나로 '한 번에 하나의 투구'라는 말이 나온다. 이것은 비단 투수에게만 해당되는 것이 아니고 투수의 공이 떠나서 타자가 치고 그것을 수비하는 선수 모두에게 해당되는 내용이다. "공 하나하나에 최선을 다하라."라는 말과도 일치한다.

(1) 자기 조절
자기 조절을 위해서는 현재 자신의 심리를 솔직히 깨닫고, 자기 조절을 위한 방법을 연습한 대로 행해야 한다.

① 자기 심리 상태 파악
자신의 내면에 있는 심리 상태를 파악하는 것은 중요하다. 나는 떨리지 않는다고 거짓말을 하면, 그것은 신체 증상으로 금방 나타난다. 다리가 덜덜 떨린다든지, 손끝이 무뎌져 공을 채지 못하고 밀어 던지는 동작 등 평소 자신의 기량이 발휘되지 않는 것이다.

② 자기 조절을 위한 방법
- 자기가 불안한 상태에 있다는 것을 안다.
- 호흡을 이용한다.
- 여유 시간을 갖는다. 투구 간격은 내가 생각하는 것보다 긴 시간이다.
- 초점을 맞춘다. 집중력을 극대화하기 위해 경기장 안에 초점을 맞춘다.
- 자신감을 불어넣는다. 자신의 장점 혹은 비시즌에 준비한 과정을 생각한다.

(2) 행동 계획

① 계획대로 행동하기

의심을 가지고 좋은 공을 던지는 것보다는 확신을 가지고 나쁜 공을 던지는 것이 훨씬 좋다. 그래야 다음 공을 더 자신 있게 던질 수 있기 때문이다. 따라서 타자가 타자석에 올라와 있으면 이미 투수의 머릿속에는 그 타자에게 던질 공이 모두 계산이 되어 있고 그 계산대로 던지면 된다. 관중의 야유나 심판의 판정 등에 따라 순간순간 그 계획을 다시 세울 필요는 없다. 정말로 자신감 있고, 계획성 있는 투수라면 '1번 타자에게는 공 5개, 2번 타자에게는 4개, 3번 타자에게는 5개의 공으로 승부를 하겠다'는 생각으로 경기에 집중할 수 있다.

② 계획을 가시화하기

◎ 이미지 트레이닝을 통한 투구

- 당신이 가장 잘 던졌을 때를 회상하라. 그때의 느낌, 생각, 결과뿐 아니라 아웃 카운트와 관계된 모든 상황을 떠올리라.
- 당신이 맞이했던 팀을 회상하라. 그냥 평상시대로 던졌는데도 당신의 공에 손도 대지 못하고 물러난 타자들을 기억하라.
- 어려움을 잘 극복한 때를 기억하라(야수가 실수했을 때, 심판이 잘못된 판단을 내렸을 때, 타자가 펜스 상단을 맞추는 2루타를 쳤을 때 등등). 바짝 얼어붙었을 때 어떻게 그 위기 상황을 극복하였는지, 운 좋게 어떻게 그 상황을 헤쳐 나갔는지를 회상하라.
- 선발 투수는 오늘의 경기를 전반적으로 어떻게 그려 나갈 것인지 머릿속에 그려야 한다. 처음 경기장에 도착해서부터 스트레칭, 불펜 투구, 마운드에서 던지기, 첫 이닝 들어가기 전, 첫 타자를 대면할 때 등의 구

체적인 상황을 머릿속에 그려야 한다.

- 동영상, 컴퓨터 그래픽, 분석 프로그램의 도움을 받는 것도 구체적인 이미지 트레이닝에 도움이 된다.
- 흔히 말하는 생각이 많은 것과 위의 지적 사항과는 다르다. 생각이 많은 것은 위의 생각이 한꺼번에 머릿속에서 정리가 되지 않은 채로 떠오르는 것이고, 위의 것들은 불안 때문에 섞여 떠오르는 생각들을 강제적으로 정리하는 작업이다.

◎ 이미지 트레이닝을 통한 타구

- 가상으로 타구를 연습하는 것은 흔하고 쉬운 일이다. 타격을 할 때 느끼는 것이 중요하다. 공이 얼마나 크게 보이고 타구의 소리가 얼마나 경쾌하게 들리는지, 조용히 자신만의 시간을 가지고 그것을 느껴 보라.
- 대단한 투수를 만났을 때 자신이 어떻게 스윙을 준비하고 있는지, 왼손 투수, 오른손 투수를 만났을 때 어떻게 대처하고 있는지 느껴 봐야 한다. 자신의 계획이 무엇인지 또 그 계획대로 완벽하게 실행하고 있는지 자신에게 질문해야 한다.
- 나쁜 볼에 손이 나갔을 때, 자신은 볼이 낮다고 판단했는데 심판이 스트라이크를 선언했을 때, 한발 물러나서 숨을 한 번 깊게 쉬어라. 그리고 더욱 집중의 범위를 줄여야 한다. 자신의 계획을 다시 한번 상기하고 타석에 들어가라.
- 타석에 들어가 있는 자신의 모습을 상기하라. 긍정적 상상으로 그 분위기를 즐겨라. 상상 속의 타석에서도 당신은 분명한 목표를 가지고 있어야만 그것이 경기 중의 경험으로 이어질 것이다.

◎ 이미지 트레이닝을 통한 수비

- 과거 자신이 했던 수비를 회상하는 것이다. 자신이 과거에 했던 가장 멋있고 완벽했던 수비 세 가지를 기억하라. 그리고 그 장면을 가능한 한 자세하게 말로 묘사하라.
- 그리고 가장 어려운 순간에 그렇게 행하겠다고 똑똑히 기억하고 있어라. 수비가 완벽한 기계 동작으로 맞아 떨어지는 것을 느껴라.
- 실수를 했을 때는 그 실수 장면이 자신의 등 뒤에서 벌어지고 있다고 생각하고 등 뒤에 가상의 공간을 만들라. 눈앞에서 그 장면을 상상하고 있으면 계속 그 장면은 떠오른다. 그리고 마음속으로 "나에게 공을 쳐라."라고 외치라. 마지막으로 공을 잡아서 완벽하게 던지는 모습을 상상하라.

(3) 신뢰

경기장에서 자신을 믿고 싶지 않은 선수가 어디 있겠는가? 하지만 선수들은 정작 자신을 믿는 것이 가장 어렵다. 그것은 야구라는 경기가 성공보다는 실패가 더 많은 특징을 가지고 있기 때문이다. 실패는 곧 두려움을 동반하며 두려움은 선수가 자신을 제대로 파악하는 데 가장 방해가 되는 요소이다. 따라서 믿음은 위험을 감수하는 시도가 있어야 하며, 이 시도는 단계별로 작은 목표를 성취해 가며 이루어져야 한다.

① 우선 두려움을 분석해 보자

- 두려움을 제대로 알자: 두려움은 엄청난 사기꾼이다. 선수가 경기에서 느끼는 두려움은 생각하는 것보다 왜곡되어 있다. 선수의 머릿속에는 선수가 극복할 수 있는 능력이 있으면서도 도저히 도전할 수 없는 괴물로 묘사되어 있다.

- 언제 두려움이 생기는지 알아 보자: 각자 두려움이 떠오르는 순간이 다르다. "나는 두렵지 않아."라고 덮어 두면 그것은 무의식 속에서 더 자주, 더 큰 형태로 떠오르게 된다. 안타를 쳐야만 하는 순간, 실수를 하지 말아야 하는 순간, 슬라이딩을 해야 하는 순간 등 구체적인 장면을 찾아내야 한다.
- 두려움에 대항해 보자: 예를 들어, 나는 안타를 꼭 쳐야 하는 순간이 두렵다는 생각을 인정하고 아래의 방법으로 자신에게 믿음을 주는 행동을 통해 경기를 해 보자. 얼마나 두려웠고, 얼마만큼의 결과가 다른가?
- 현실을 파악하고 두려움을 던지자: 홈런 40개를 치고 있는 힘 좋은 홈런 타자가 앞에 서 있다. 내 직구는 최고 구속 137km에 불과하다. 가운데로 던지는 것은 홈런을 맞을까 봐 무섭다. 이것은 두려움이 아니고 현실 분석이다. 이런 느린 공으로는 던질 곳이 없다. 이것은 두려움을 그대로 가지고 있으며 대항도 해 보지 않는 것이 아니다. 바깥쪽 공 3개를 던지고 마지막 승부구는 몸 쪽 커브로 승부할 것이다. 두려움에 대한 대항이다. 스트라이크, 볼 결과에 상관없이 나는 이 타자에게 일단 이와 같이 4개의 공을 던질 것이다.

자신의 신뢰는 곧 경기력과 가장 직접적인 영향력을 갖는다. 모든 선수가 느끼다시피 자기 신뢰는 말로만 믿는다고 해서 생기지 않는다. 그렇다고 자기 신뢰가 생길 때까지 무조건 기다리는 것은 로또 번호를 적어 놓고 기다리는 것만큼이나 추상적이고 가능성이 적다.

② 생각을 신뢰로 만들기

"나는 잘 던질 것이다." "나는 강하다." 하고 자기 머릿속으로만 생각하는 것은 단지 불안할 때 손톱을 물어뜯는 정도의 미봉책에 불과하다.

자신의 생각을 신뢰로 만들기 위해서는 자신에게 적합한 방법을 모색해야 한다. 그렇게 하기 위한 몇 가지 구체적 방법을 제시하고자 한다. 이것은 경기 중에 바로 적용될 수 없으며 연습과 훈련 중에 자주 반복적인 훈련을 통해서 실제 경기에 적용이 가능하다. 다음의 방법들이 구체적인 방법을 만드는 데 많은 도움을 줄 것이다.

- **호흡**: 가쁘고 빠른 호흡보다는 느리고 깊은 호흡이 불안을 줄이며 현재 일어나는 상황의 파악을 가능하게 하며 집중하는 데 도움을 준다.
- **시각화**: "내가 전광판의 빨간불만 보면 집중이 잘된다. 지금 전광판의 빨간불이 선명하게 보인다." 이런 식으로 자신의 집중 포인트를 갖는 것은 중요하며 자신에게 확신을 부여할 수 있다.
- **단서**: 연습할 때 머릿속에 짧은 단어를 암기하며 훈련한 후 실제 경기에서 그 단어를 되새기는 것도 좋은 방법이다.
- **행동 관련 유발 요인**: 예를 들어, 투수는 송진 주머니를 자신을 믿게 만드는 유발 인자로 사용한다. 이와 비슷하게 자신에게 확신을 줄 수 있는 무엇인가를 만들 수 있다. 자신이 항상 좋다고 생각하라. 바꿔 이야기하면 어느 누구도 항상 100%의 몸과 상태로 경기에 임할 수는 없는 것이다.

③ 자기 조절

자기 조절의 기본적인 개념은 다음 두 가지이다.

- 주변에 일어나는 일을 조절할 수는 없지만, 그것에 반응하는 자신은 조절할 수 있다.
- 행동을 하기 전에 먼저 자신을 조절하여야 한다. 따라서 자기 조절을 할 수 있다는 자신감은 현재 일어나는 생각들을 믿음으로 바꾸는 데 큰 역할을 한다.

자기 조절 행동 중 가장 쉽고 기본적이면서도 어려운 것이 호흡의 조절이다. 많은 훌륭한 선수가 이 호흡 조절을 통해 경기 중 안정을 찾으며 불안을 극복하고 있다. 간단한 호흡 조절법을 소개할 것이다.

◎ 천천히 숨쉬기

- 자기 조절의 가장 쉬운 방법이다. 숨을 잠시 멈춘 후 아주 서서히 숨을 쉰다. 많은 선수가 가장 도움이 되는 쉬운 방법으로 추천하는 것이다.
- 한 손을 배에 두고 길게 천천히 숨을 들이마신다. 배가 불룩해질 때까지 숨을 천천히 내쉰다. 어깨를 들썩이면서 가슴으로 숨을 쉬는 것이다. 배가 불룩해지고, 홀쭉해지는 복식 호흡을 하는 것이다.
- 두 차례 더 같은 방법으로 숨을 쉰다. 이때 자신의 긴장이 풀리는 것을 느낄 것이다. 숨을 내쉴 때 의자에 기대 편한 자세로 어깨는 긴장을 풀고 처져 있게 한다. 그렇게 되면, 근육 자체도 풀려서 편한 자세의 자신을 발견할 수 있을 것이다. 극도의 긴장은 경기력에 상당한 방해가 된다. 숨쉬기는 긴장을 줄이고 최대의 경기를 할 수 있도록 도와줄 것이다.
- 깊게 숨을 쉬는 것은 유능한 선수들이 터득한 방법이다. 쉽지만 하기 어려운 방법 중 하나이다. 아래에는 숨쉬기의 응용을 보여 줄 것이다.

◎ 도움이 되는 호흡

- 현재 상황에 초점을 맞춘다. 한 번에 하나의 투구를 하려면, 과거에 일어났던 일이나 미래에 발생할 일에 대하여 생각하기보다는 현재 일어나는 생각에 초점을 맞추어야 한다. 현재 자신이 어떻게 숨을 쉬고 있는가(숨을 들이마시고 내쉰다.)에 초점을 맞추는 것은 다른 생각을 없애는 좋은 방법 중에 하나다.
- 만약 내가 지금 어떻게 숨을 쉬고 있는지를 인지하고 있다면 자신을 통

제하고 있다는 증거다. 숨을 깊게 쉬지 못하고 있다고 느껴지거나, 얕은 숨을 쉬고 있다고 생각된다면 마음이 너무 급하고 불안하다는 증거이고 자신을 통제하고 있지 못하다는 좋은 증거이다. 그러면 다음 투구 전에 따로 숨 쉬는 시간을 내서 여유를 가지는 것은 중요하다.

- 숨쉬기의 장점은 다음과 같다. 자신이 통제 능력을 상실했을 때 게임이 얼마나 정신없이 진행되는가는 모두가 경험했을 것이다. 깊은 숨은 그것을 천천히 만들 수 있다. 숨을 빨리 쉴 필요가 없다. 가슴으로만 쉬는 얕고 빠른 숨은 복식 호흡처럼 길게 쉴 수가 없다. 따라서 배로 숨 쉬는 복식 호흡을 해야 한다.

- 부정적인 생각을 순화한다. 경기 중 불운한 상황이 발생하면 근육은 경직된다. 선수에게 일어나는 불운한 일의 발생을 막을 수는 없다. 하지만 이것에 대응하는 정도는 조절할 수 있다. 숨쉬기를 조절하라. '숨을 내쉴 때 나에게서 불운이 나간다' 혹은 두 번째 공을 던질 때 '이것은 불운을 내던진다'는 생각으로 던지라. 그러면 당신의 등 뒤에 붙어 있는 불운의 짐을 벗어 낼 수 있을 것이다.

- 용기를 북돋는다. 매우 지쳐 있거나, 게임이 지루해질 때 숨을 한번 크게 들이쉬면서, '용기의 행운을 마신다'는 생각으로 호흡하라. 호흡이 빨라지면, 그런 생각을 호흡에 붙일 수도 없고 의미를 부여할 기회조차 없다. 숨을 들이마시고 내쉴 때 많은 의미를 붙이고 뗄 수 있다. 그것은 몇 시간을 혹은 몇 분의 시간을 요하지도 않는다.

- 무의식을 의식에 있게 하라. 선수가 진기 명기를 보이고 나서 흔히 하는 말이 "무의식중에 팔을 뻗었다." 혹은 "나도 모르게 배트가 나가더라." 라는 말을 한다. 이것은 평소 연습에 의한 내재적 기억이 순간적으로 발생된 것을 말한다. 숨을 들이마시고 내쉬는 것은 무의식중에 행해진다. 하지만 숨을 내쉬고 들이마시는 것을 느끼게 되면 그것은 무의식적 행

동을 의식적 행동으로 바꾸는 가장 간단한 행동 중에 하나가 된다. 이때 호흡을 느끼면서 자신의 경기를 하는 것은 무의식 속에 숨어 있는 많은 자신의 행동을 의식적 수준으로 끌어올려 높은 경기력을 보여 줄 수 있을 것이다.

• 던지거나 치거나 수비할 때 리듬감을 회복하라. 좋은 선수는 자신의 동작에 항상 리듬감이 있다. 많은 선수가 그것을 회복하기 위해서 많은 노력을 한다. 투구 동작 때 호흡으로 이 리듬감을 규정하고 있다면 리듬을 잃어버렸을 때 다시 찾는 좋은 단서가 될 수 있다. 많은 코치가 투구 중에 자연스럽게 이 리듬감을 찾으라고 주문하고 있지만, 선수들은 조금 더 구체적인 방법을 간절히 원하고 있다. 그것을 투구 중에 찾으라는 주문보다는 투구 간격으로 회복하게 만드는 것이 선수들이 덜 불안하게 자신의 리듬을 찾을 수 있는 방법일 것이다.

🎯 숨쉬기 연습의 구체적인 방법

다음의 방법들은 필드에서 현실적으로 사용할 수 있는 것들이다. 다른 신체적 방법들과 마찬가지로 연습을 할수록 쉬워질 것이다.

• 적어도 5일 이상은 연습을 해야 한다. 공기가 배로 들어오게 하고, 내쉴 때 이완된 상태로 내쉬라. 호흡마다 몸이 어떻게 느끼는지를 인지하라.
• 호흡의 최대 효과를 얻기 위해서는 시합 전뿐만 아니라 연습 전에도 시행해야 한다. 스트레칭을 할 때의 좋은 호흡은 최대 이완 효과를 얻게 한다. 숨을 짧게 쉴 때와 깊이 쉴 때 허리 굽히기의 정도가 달라지는 것으로 이완 효과를 직접 확인할 수 있다.
• 편안한 곳에 등이 닿도록 기대라. 가장 편안한 자세를 하고, 천천히 깊게 배로 숨을 쉬라. 숨을 들이마실 때 배가 볼록해지고, 내쉴 때 평평해

져야 한다. 마시기 하나, 마시기 둘, 마시기 셋…… 이런 식으로 점점 배를 볼록하게 만든다. 이렇게 열까지 센 이후에 다시 거꾸로 센다. 처음은 5분 정도 연습을 하면서 점점 시간을 늘려 나가다 최종 20분 정도의 시간을 갖는다.

시합 중에 이런 숨쉬기를 하면 다음 투구 때 다른 생각들이 끼어들지 않을 것이다. 다음번 투구 이외에는 전혀 다른 생각이 끼어들 틈이 없는 것이다.

◎ 혼잣말 하기

또 하나의 흔하면서 확실한 자기 조절 방법은 혼잣말 하기이다. 혼잣말 하기의 장점은 다음과 같다.

- 스스로에게 물음으로써 배울 수 있다. (예: 지금 내가 못 하고 있는 것은 무엇 때문이지? 내가 원하는 결과를 얻으려면 무엇을 해야 하지? 이렇게 하는 것이 맞나? 다른 방법이 있었나? 내가 원하는 대로 했으면 어떤 결과가 나왔을까?)
- 미리 결과를 예측하면서 플레이를 할 수 있다.
- 직접적인 자신의 의도를 말로 표현할 수 있다. (예: 공을 강하게 땅으로 칠 거야. 빠른 공을 낮게 바깥쪽으로 던질 거야. 공이 나에게로 오면 바로 낚아채서 홈으로 던져야지.)
- 상황이 발생하기 전에 미리 준비 자세를 만들 수 있다.

④ 긴장 풀기

◎ 긴장을 풀면 자기 실력 증진에 다음과 같은 이득이 있다.
- 자신을 컨트롤할 수 있다.

- 집중력이 강화된다.
- 마음이 평화로워지면 자신이 상상하는 것이 더욱 선명해진다.
- 신체적 이득이 뒤따른다.

◎ 메이저 리그에서 선수들이 사용하는 긴장 이완 요법에는 다음과 같은 것이 있다.

- 부담되는 상황을 잠시 피한다. 마운드나 타자석에서 내려와 심호흡을 하거나 운동화에 묻어 있는 먼지를 턴다.
- 자신에게 큰 소리로 소리친다.
- 경기 중에 몸을 약간씩 움직여 준다.
- 진지하게 스트레칭을 한다.
- 시각화한다. 자기가 긴장을 이완할 수 있는 사진을 가지고 다니며 보거나 음악을 듣는 방법이 있다.
- 오히려 몇 초간 자신의 근육에 힘을 주어서 강제로 긴장시킨다. 근육은 한 번 긴장되면 이완되려는 성질이 있어서 일정 시간 강제로 긴장시켜 놓으면 그다음 시간은 일정 시간 이완 상태로 있게 된다.
- 경기장 잔디의 날카로운 면을 뚫어지게 보고 있으면 집중이 잘된다.
- 눈, 입, 턱 근육을 이완한다.
- 호흡을 조절한다.

⑤ 상상 기법

여기서 말하는 상상은 조금 더 현실적이며 시합에서 그렇게 되어야만 하는 조금 더 간절하고 구체적인 상황을 말한다. 따라서 상상 기법대로 시행된다면 선수는 그날 최고의 경기력을 보일 수 있다.

🎯 상상 기법을 통한 투구

- 자신이 잘 던졌을 때를 상상한다. 그때의 생각, 기분, 아웃시켰을 때 등의 상황을 재현한다.
- 자신이 만만한 팀과 경기할 때를 상상한다. 그냥 평소대로 던져도 타자들이 나가떨어지는 모습을 상상하라.
- 힘든 상황에 몰렸을 때 자신의 모습을 상상하라. 야수가 실책을 저지르고, 심판이 잘못된 판정을 내리는 등 엎친 데 덮치는 상황을 생각하라. 그 상황에서 자신이 어떻게 할 수 있는가를 잘 따져 보아야 한다. 예를 들어, 화가 난 것을 어떻게 풀어 나갈지, 불안함을 어떻게 다룰지, 그다음 공을 어떤 것을 준비할지 등을 따져 보아야 한다.
- 만약 선발 투수라면, 등판하는 날 어떤 일이 일어났었는지 기억하라. 경기장에 들어설 때, 선수복을 갈아입을 때, 스트레칭을 할 때, 불펜에 있을 때, 마운드로 걸어올 때, 첫 이닝을 시작할 때, 첫 타자를 맞이할 때 등 구체적인 장면을 떠올려야 한다.

🎯 상상 기법을 통한 타격

- 쉽게 안타를 쳤던 때를 회상하라. 자신의 타구를 보고 소리를 들어야 한다. 얼마나 공이 크게 보이고 타구의 소리가 얼마나 경쾌한가를 느껴야 한다. 그럴 때는 자신만의 시간으로 만드는 것이 좋다. 타자는 공의 거리, 소리, 손의 느낌 세 가지 감각으로 취할 수 있다.
- 유독 자신 없던 투수에게 안타를 만들어 냈을 때의 상황을 기억하라. 우투수, 좌투수의 상황을 상상하라. 자신의 계획이 무엇이고 그 계획대로 되었는지 되짚어 봐야 한다.
- 나쁜 공에 헛스윙을 했거나 심판이 잘못된 판단을 한 상황을 상상하라. 한 발자국 물러나서 심호흡을 하고 집중할 수 있는 초점을 찾아라. 다음

번 투구 때 어떤 계획을 세우겠다는 자신의 목표를 명확히 하라.

- 타격 연습을 하는 자신을 상상하라. 긍정적인 기분의 자신을 느끼라. 재미가 있어야 하고 성취감이 있어야 한다. 타석에 들어설 때는 타구의 방향 등 분명한 목표가 있어야 한다.

◎ 상상 기법을 통한 수비

- 과거 훌륭한 수비를 했을 때를 기억하라. 자신이 했던 가장 훌륭한 수비들을 기억하라. 그리고 그 장면들을 가능한 한 자세하게 묘사하라.
- 실수한 장면을 상상하고, 실수한 후 긴장을 풀 수 있는 방법을 생각하라.
- 실수한 장면을 자기 등 뒤에 놓기, 심호흡하기, 새로 결심하기 등 다음 투구 때까지는 무엇인가를 해야 한다. "나에게 쳐라." 등의 말하기가 있다. 마지막으로 다음 플레이를 상상해야 한다.

4. 심리 훈련을 시합에 이용하기

1) 심리 훈련을 시합에 어떻게 이용하나

연습이 실전에 도움이 되게 하는 것은 전적으로 선수의 몫이다. 반복해서 강조하지만 몇 가지 가장 기본적인 생각이 필요하다.

- 목적이나 임무를 가져야 한다.
- 현 시점의 초점을 맞출 곳을 가지고 있어야 한다. 게임을 연습처럼 하려면 연습할 때 시합 중에 발생할 많은 경우를 연습해 놓아야 한다.
- 결과보다는 과정에 중점을 두라.

- 자신의 심리 기술을 발전시키라. 예를 들면, 숨 고르기, 이미지 훈련, 혼잣말 하기, 매일 목표 세우기, 긴장 해소 버릇 등이 있다.
- 항상 배운다는 자세로 임하라. 마이너리그에서는 게임보다 좋은 스승이 없다고 말한다.

2) 실패와 패배를 이용하기

실망해도 상관없다. 실망해서 자신을 우울한 기분으로 몰고 가도 상관없다. 다만, 거기서 새로운 경험을 습득하고 살아남는 법을 익혀야 한다. 24시간 중에 두 시간, 세 시간 정도 자신을 우울한 기분으로 몰아넣은 후 기분 전환을 하라. 하루 종일 우울한 기분으로만 있으면 아무런 도움이 되지 않는다.

실패를 정의하는 것은 중요하다. 자신의 실력을 평가하라. 경기를 한 과정에 초점을 맞추고 그것에 따른 행동을 분석하라. 투구 전에 자신을 조절할 수 있었나? 각각의 투구 때 계획을 세웠나? 임무를 항상 마음에 간직하라.

5. 스트레스의 조절: 스트레스는 너무 많이도 적게도 가지면 안 된다

선수들에게 스트레스는 적도 아군도 아니다. 다만, 자기가 이용해야 할 도구인 것이다. 흔히 스트레스 하면 정신적 스트레스를 말하는데, 운동선수는 신체적 스트레스를 빼놓고 이야기할 수는 없을 것이다. 따라서 운동선수의 스트레스는 다음 네 가지로 구분해 볼 수 있다.

- **신체적 스트레스**: 일 년 내내 지속되는 시합과 장거리 이동은 당연히 프로

선수들에게 신체적 스트레스를 일으킨다. 또한 경기 중 발생하는 부상과 신체적 접촉은 신체적 스트레스의 중대한 원인이기도 하다. 긴장을 해소하기 위한 술과 지나친 흡연, 카페인 섭취 또한 신체에 부담을 주는 스트레스가 될 수 있다.

- **사회적 스트레스:** 자신의 가족뿐만 아니라 팀, 팬들의 성원에 반응해야 하는 것은 하나의 즐거움일 수 있지만, 중대한 사회적 스트레스가 된다. 작은 일을 꼬투리 삼아 기삿거리로 삼아야 하는 언론과 방송 또한 큰 스트레스의 주범이 된다.

- **단체 생활의 스트레스:** 각 단체는 각자의 특징이 있듯이 각 팀들은 자신 팀에 맞는 색이 있다. 개인의 개성을 존중하는 팀이 있는가 하면 팀의 색깔에 선수가 맞추어야 하는 팀이 있다. 트레이드와 선수 선발이 선수 개인의 의지대로 행해지지 못하는 프로 팀에서는 이것 또한 큰 스트레스가 될 수 있다.

- **정신적 스트레스:** 다른 세 개의 스트레스와 분리되어 이것은 마음속에서 내재적으로 발생하는 스트레스이다. 주로 자신을 의심하는 것에서 시작된다. "왜 나는 저 선수만큼 빠르지 못한가?" "그렇게 실수를 해야만 했는가?" 등 자신의 신뢰와 의심의 양가감정에서 주로 발생하게 된다.

스트레스를 극복하는 길은 앞에서 설명한 4개의 카테고리로 자신의 고민을 분류하고 스트레스의 해결 방법을 찾는 것이 중요하다.

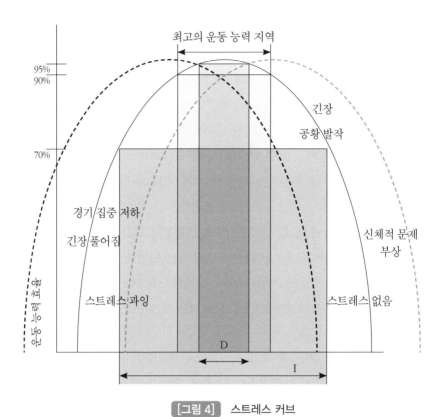

최고의 운동 능력 지역

95%
90%

70%

긴장
공황 발작

경기 집중 저하

긴장 풀어짐

신체적 문제
부상

스트레스 과잉

스트레스 없음

운동 능력 효율

D

I

[그림 4] 스트레스 커브

　앞 그림의 스트레스 커브는 스트레스가 너무 많아도 혹은 너무 적어도 최고의 운동 기능을 발휘하는 데 방해가 됨을 보여 준다. 또한 심리적 대응을 통한 스트레스 조절은 선수의 운동 능력 범위를 더 넓힐 수도(I), 더 좁힐 수도(D) 있음을 보여 준다. 외부의 도움에 의해 스트레스 커브 자체는 오른쪽으로 옮겨지기도 하는데, 이때 선수들은 자신이 스트레스를 덜 느끼면서도 쉽게 운동을 한다는 생각이 든다. 하지만 이는 언제든 외부의 도움이 없어지면 커브는 다시 왼쪽으로 움직이게 되고, 선수는 자신의 운동 능력이 떨어졌다는 오해를 스스로에게 하게 되어 슬럼프에 빠지게 된다. 흔히 약물이 그래프를 오른쪽으로 움직이는 데 사용되는데, 앞서 이야기했듯이 그래프를 오른쪽으로 움직이는 것은 언제든 다시 왼쪽으로 정상화되었을 때 쉽게 슬럼프에 빠지기 쉬운 환경을 제공하게 된다.

6. 투구: 자신을 믿기

투수에게 가장 중요한 것은 강한 어깨와 배짱이라고 한다. 그중 배짱을 키우는 것은 곧 자기 자신을 믿게 만드는 것이고 그것은 자기를 아는 것에서부터 시작한다. 자기 자신을 아는 방법은 여러 가지가 있겠지만, 그중 야구 선수로서 자신을 인지하는 구체적인 방법을 제시하고자 한다.

1) 세 가지 투수 타입

① 공을 위한 기도(Prayer Pitching)
'제발 이것만 들어가라' '스트라이크를 꼭 던져야 하는데.' 등 스스로를 압박하는 타입이다. 이것은 공의 속도가 늦춰진다든지, 어깨에 힘이 들어가는 가장 흔한 잘못이다. 연습 때 이런 기도를 하며 공을 던지는 투수는 없다. 그냥 와인드업을 하고 공을 던지니까 '스트라이크'로 들어가는 것이다. 시합 때도 연습처럼 공을 던지는 것이 연습의 효과를 낼 수 있는 가장 좋은 방법이다.

② 원시적인 투구(Primal Pitching)
아무 생각 없이 공을 던진다. 흔히 불안이 높은 투수들에게 아무 생각 없이 던지라고 하는데 이것과는 다르다. 단순하고 정리된 생각으로 공을 던지는 것이 좋은 것이지 생각 없이 던지면 공은 한 가운데로 들어간다.

③ 완벽한 투구(Perfect Pitching)

　타자의 특성, 바람의 방향, 수비가 강한 쪽, 지금의 내 몸 상태, 얼마 이상의 구속, 이런 것을 공 하나에 모두 생각해서 던질 수는 없다. 이미 시합 전 혹은 그 이닝이 시작되기 전에 머릿속에 그리고 있어야 한다. 완벽한 투구는 이미 계산된 자신의 생각 속의 임무를 얼마나 잘 수행하는가이다.

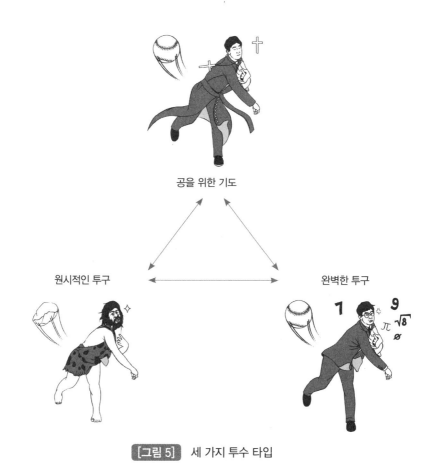

공을 위한 기도

원시적인 투구　　　　　　　　　　　　완벽한 투구

[그림 5]　세 가지 투수 타입

투수의 임무는 포수의 미트에 공을 꽂는 것이다. 명심할 것은 공을 타자에게 던지는 것이 아니라, 포수에게 받으라고 던지는 것이다.

투수는 공을 던지는 사람이 아니라 투구를 하는 사람이다. 즉, 목적과 방향이 있어야 한다.

2) 투구 연습: 자신을 알기 위한 가장 훌륭한 방법

맹목적인 많은 연습은 자신을 알게 해 주는 방법이 아니다. 그것은 자신을 더 암흑 속으로 밀어 넣는 최악의 방법이 될 수 있다. 투구 연습 후에 자기 자신에게 피드백을 주는 것은 많은 연습을 값지게 만드는 소중한 시간이다. 다음은 투구 연습 혹은 경기 후 기억하고 되새겨 봐야 할 내용들이다.

1) 던질 때 자신의 장점과 단점은 무엇인가?

2) 최고로 잘 던지는 것은 무엇인가?

3) 어떤 공으로 아웃 카운트를 많이 잡았나? (투구 차트를 보고 어떤 공으로 강타자를 피해 갔으며 아웃 카운트를 잡았는지 분석하고 있어야 한다.)

4) '나는 이럴 때 가장 잘한다'는 생각이 들게 하는 자기 주문의 구절을 세 개 이상 알고 있어야 한다.

5) 공이 잘 들어갈 때, 무엇을 보고 집중하고 있는지 알고 있어야 한다. (글러브, 포수 마스크 등등)

6) 공을 잘 던지고 있을 때 그때의 생각이나 마음은 어떠한가? (자 쳐 봐라, 절대 못 칠걸……)

7) 자신의 리듬을 빼앗는 사건들을 나열하라. (사구, 홈런, 에러 등등)

3) 투구 신호등

다음은 투구 분석을 위한 그림이다. 노란불과 빨간불은 자신이 고치고 다시 생각해야 할 부분을 적어 놓는 칸이고 파란불은 계속 그런 식으로 던지면 자신을 편하게 만드는 사항들이다.

[그림 6] 투구 신호등

7. 투구의 심리적 전략

1) 시합 전 준비: 자신이 던질 곳을 살피자

- 환경에 친숙해져야 한다. 친숙함은 안정감을 만든다. 문제를 푸는 것에 시간을 써야지 문제가 어려운 것을 걱정하는 것에 시간을 허비하지 말라.
시합 내내 뭔가 부정적인 생각이 떠오르면 마운드에서 내려와라. 긍정적인 생각이 들기 전에 다시 마운드에 올라가지 말아라. 화가 나는 것은 당연하다. 투수는 로봇이 아니다. 다만, 자신이 화가 나 있다는 것을 알고 마운드를 내려오는 것은 중요하다.
- 투수판을 잘 활용하라. 투구의 준비가 되기 전에 투수판에 발을 올리지 마라. 투수판에 발을 올리는 순간 투구는 시작된다고 생각하라.

2) 불펜

- 공을 던질 수 있게 준비하라. 신체적으로든 정신적으로든 공을 던질 수 있는 정도만 준비하는 곳이다. 불펜을 마운드로 착각하면 정신적 긴장은 사람을 지치게 만든다.
- 연습 투구 전에 마음을 편하게 하라.
- 연습 투구를 하라.

3) 마운드에서 몸풀기

(1) 시합에 직접 사용할 공으로 연습하라

몸을 풀 때 사용한 세 번째와 네 번째 공을 주로 사용하겠다고 자신에게 암시하라. 첫 번째 혹은 두 번째 공은 흔히 연습하던 타자들이 보고 대비를 할 수 있다. 공을 던지기 전 숨을 고르게 쉬어라. 그리고 타자가 서 있는 것처럼 생각하고 공을 던져라. 그리고 마침내 타자가 들어서면, 그때 던지는 공은 연습할 때의 첫 번째 공을 던지는 것이 아니라 네 번째 공을 던지는 것이다. 타자석 밖에서 타자는 투수가 연습하는 공을 이미 보고 들어오기 때문이다.

(2) 여유 가지기

- 투수판의 먼지를 턴다. 부정적인 생각을 날려 버린다.
- 투수판 뒤에 서서 큰 숨을 내쉰다.
- 글러브를 내리고 공을 들고서 부정적인 생각은 이것으로 날려 버린다고 생각한다.
- 송진 백을 들고, 그것을 쥐어짜면서 자신의 안 좋은 감정을 집어넣는다. 그리고 그것을 집어던진다.
- 자신이 집중하려고 정해 놓은 초점을 쳐다본다.
- 화장실에 다녀오듯 마운드에서 내려와 잠깐 한 바퀴 돈 뒤, 모든 것이 깨끗해진 기분으로 마운드에 올라간다.
- 모자를 벗으며 '열받은 것을 식힌다.' 그리고 나서 다음 투구를 한다.

4) 투구: 불펜에서 임무를 갖는다

임무는 다분히 이기적이어야 하고 자신을 위한 것이어야 한다. 예를 들면,

'현재 위기 때 나갔기 때문에 내가 이 위기를 다 넘기고 우리 팀의 승리를 지켜야 한다'는 부담스러운 압박보다는 다음과 같은 임무가 좋다.

- 투구 리듬만을 느껴 보고 체인지업을 연습할 것이다.
- 긴장 없이 편안함만 느끼다가 내려올 것이다.
- 경기를 조금 끌어 봐야겠다.
- 스트레칭하는 기분으로 공을 던져 봐야겠다.
- 평소대로 던져서 그냥 편안하게 가야겠다.

한 번 던질 때마다 자신에게 단서를 주는 단어 하나씩을 기억해 두어야 한다. 자신이 스스로를 조절할 수 있음을 기억하라. 그리고 자신의 계획대로 할 수 있음을 믿어라.

(1) 긴장을 풀기 위해 할 수 있는 일
다음을 가상으로 진행하라.

- 평소 자신의 의식을 거행하라. 던지기 전 모자를 한 번 만지고 송진 가루를 만지고 코를 한 번 씰룩거린 후 공을 잡는다. 당황하고 불안할수록 자신의 투구 의식을 더 의식적으로 행하는 것이 좋다.

> 자신의 의식을 거행하는 것은 자신만의 정체성을 몸으로 확립하는 좋은 방법이다. 앞서 이야기하였지만 어떤 다른 유명한 선수와 똑같이 하는 것보다 자신만의 경기를 하는 것이 중요하다.

- 자신의 투구 리듬을 찾고 편안히 생각하라.
- 최악의 상황에서는 이렇게 하겠다고 미리 계산하라.

(2) 한 번에 하나의 투구를 위한 3단계

투수는 한 번 와인드업에 한 번의 투구만을 하라. 즉, 공 하나에 하나의 임무만을 부여하고 그 임무를 수행하여야 한다.

① 자신을 조절하라

자신을 조절하기 위해서는 자신의 마음속에서 어떤 일이 벌어지고 있는지를 알아야 한다. 지금 예민한가? 자신을 통제할 수 없는 곤경에 빠져 있다면, 그것을 조절할 수 있는 다른 방법을 알고 있는가? 간단히 말해서, 자신을 조절할 수 있는지 없는지의 판단을 해서 조정을 할 수 있는지 알아야 한다.

[그림 7]　자기 조절의 요소

② 각 투구에 계획이나 목표가 있는가

　자신을 조절할 수 있게 되면, 다음번 투구를 위해서 이번에 무엇을 해야 하는지 명확히 하라. 만약 당신이 투수라면 무슨 구질의 공을 던질 것인지, 어디로 던질 것인지에 대한 결정을 해야 한다. 타자라면 어떤 스윙을 할 것인지, 야수라면 타자가 친 공이 자기에게로 왔을 때 어디로 공을 던질 것인지 결정을 해야 한다. 어떤 결정을 하든 간에 당신의 계획에 따라 그다음 스텝은 진행이 되어야 한다.

③ 자신을 믿으라

　3단계의 마지막 부분은 자신을 믿고 그대로 행하는 것이다. 자신의 조절하에 있고, 무엇을 해야 하는지를 알기 때문에 단지 그대로 수행을 하면 되는 것이다. 확신이 있다면, 자신을 믿고 의식하에 행동하여야 한다. 경기가 어렵게 되거나, 긴장의 순간이 되면 선수들은 자신을 믿지 못한다.

[그림 8] 투구를 위한 3단계

경기가 복잡한 상황으로 빠지고 회가 진행될수록 투수는 집중력이 떨어질 수 있다. 그럴 때 다음과 같은 과정으로 집중력을 고쳐 잡을 수 있다

① **넓은 범위 외부 상황**: 주자들이 어디에 있는지, 지금 타자가 오른손 타자인지, 왼손 타자인지 분석한다.

② **넓은 범위 내부 상황**: 외부 상황 분석을 끝내고 이 타자에게 어떤 공이 좋은지를 결정해야 한다.

③ **좁은 범위 내부 상황**: 투수판을 밟으면서, 결정한 공을 어느 코스에다 던질 것인지만을 외운다.

④ **좁은 범위 외부 상황**: 투수판을 밟고 포수의 미트를 보고 공을 던진다.

🎾 슬럼프 탈출

유명한 투수들이 과거 슬럼프에서 탈출할 때 이용했던 방법들이다. 뭔가 특별한 것을 이용하기보다는 가장 기초적이며 간단한 방법을 이용하였고 그것을 지속적으로 반복하였다.

① 타깃(목표)을 만들어 놓고 거기에 집중하였다.
② 현재 상황을 파악하고 그 반대의 상황도 알고 있다.
③ 매번 투구 때마다 목적을 가지고 있다.
④ 호흡으로 감정과 긴장을 조절하였다.
⑤ 적절하게 준비하였다. 너무 많이 연습한다고 해서 금방 슬럼프를 탈출하는 것은 아니다.

8. 타격: 실패를 극복하기

코치들이 선수를 달래는 가장 흔한 이야기로 "좋은 타자는 열 번에 세 번만 성공하면 된다."라고 이야기한다. 하지만 사람의 욕심은 끝이 없어서 성공보다 많은 실패를 견뎌 내기가 쉽지 않다. 따라서 타격이 어려운 이유는 여기에 있는 것이다. 많은 실수를 하고서도 또다시 시도해야만 하는 상황이 어려운 것이다. 그렇게 하기 위해서는 얼마나 많은 안타를 쳤는지(결과)에 초점을 맞추지 말고, 어떻게 쳤는지(과정)에 관심을 가져라. 그리고 결과보다는 과정에 더 가치를 두어야 한다.

1) 타격 신호등

투수와 마찬가지로 타자에게도 자신만의 신호등이 있어야 한다. 평소 자신이 잘하고 있는 것, 오늘따라 안 되는 것, 이렇게 바꾸었을 때 나를 더 힘들게 하는 것 등 자신이 좋고 싫은 것을 명확히 구분하여 적을 수 있는 시스템이 필요하다.

2) 계획 세우기

타격의 임무는 공을 배트의 가장 두툼한 부분에 어떻게 맞추는가 하는 것이다. 임무는 다음의 예문처럼 단순해야 하고 임무를 재확인하는 것은 집중력을 키우는 좋은 방법이다.

• 나는 무엇을 하고 있는가?

노란불

빨간불

파란불

[그림 9] 타격 신호등

- 공 어디를 맞추려고 하는가?
- 나는 무슨 공을 기다리고 있는가?
- 스트라이크 존을 어디라고 생각하는가?

3) 임무를 위한 계획

- 내가 정해 놓은 구획에서만 본다. 그리고 때린다.
- 가운데를 강하게 때린다.
- 배트의 가장 두툼한 부위에 공을 맞힌다.
- 땅볼을 때릴 것이다.
- 빠른 볼이 들어오면 무조건 때린다.
- 커브 볼이 플레이트 중간 정도에서 꺾이면 때린다.
- 스트라이크 존에 볼이 들어올 것 같다.

4) 자신을 믿는 타자는 다음과 같은 특징이 있다

- 서둘러 스윙하려고 하지 않는다. 그러면 끝까지 공을 볼 수 있다. 공이 크게 혹은 작게 보이는 것의 차이는 공을 앞에서 보느냐 뒤에서 보느냐이다.
- 믿음은 선명한 생각에 방해물을 제거한다. 의심, 불안 그리고 긴장은 타자의 마음을 흐리게 하고 결정을 방해한다.
- 믿음은 스윙의 흐름을 부드럽게 한다. 두려움과 의심으로 인한 긴장은 타자들의 공공의 적이다. 이완되어 있을 때 근육은 가장 효과적인 수축을 한다. 긴장하게 되면 근육은 서서히 움직이게 된다. 실제로 우리가 긴장하여 힘을 주게 되면 근육은 정작 긴장하지 않는다. 예를 들면, 스윙할 때 이두근(biceps)은 적절히 긴장해야 하는데 선수가 이미 긴장을 하고 이두근

에 힘을 꼭 주고 있으면, 이두근의 힘은 반대로 작용을 하게 된다. 삼두근 (triceps)은 배트의 무게와 이두근의 저항을 떠안아 더욱 힘이 들게 된다. 따라서 동작은 느려지고 이두근이 이완되어 있는 상태만 못하게 된다.

9. 타격의 심리적 전략

1) 더그아웃에서의 마음 준비

- 몸은 항상 준비를 하고 있으라. 알고 있다고 접어두면 안 된다.
- 투수를 연구하라. 주전으로 뛰는 선수는 투수를 연구하고 가끔 나가는 선수는 '저 선수를 내가 언제 만나?' 하는 의심으로 연구를 안 한다. 그러면 주전은 계속 주전으로 뛰고 교체 선수는 몇 번의 기회를 얻는 것에 그치고 만다.
- 계획을 분명히 하라. 무엇을 시도할지 분명히 하라. 그리고 무엇을 찾아야 하는지 고민하라. 흔히 가끔 한 번씩 타석에 나오면 모든 것을 다해야 한다고 생각한다. 하지만 그것은 혼돈만을 일으킬 것이다. 감독이 지금 당신에게 원하는 것이 무엇인지 분명히 하는 것이 중요하다.
- 타석에 있는 것처럼 가상하라. 팀 동료가 타석에 있는 것을 보면서 지금 당신이 그곳에 있는 것처럼 가상하라. 그리고 투수가 던지는 공에 집중하라.
- 스윙의 궤적에서 기계적 포인트를 잡는 것이 중요하다. 단순히 타자석에 서서 공을 휘두른다는 생각으로는 불충분하다.
- 투수 입장에서 스트라이크 존을 상상하고 다른 각도에서 스윙의 궤적으로 분석하라.
- 한두 번 큰 숨을 내쉬고 몸의 긴장도를 느끼라.
- 특이하게 큰 스트레칭을 한번 하고 깊게 숨을 들이마시고 공이 들어오는

허공을 향해 초점을 맞춘다.

- 숨을 들이마시고 가장 편안한 타격 폼을 취한다.
- 타자석으로 한 발 한 발 가는 동안 자기 자신에게 '야구에 집중'이라고 중얼거린다.

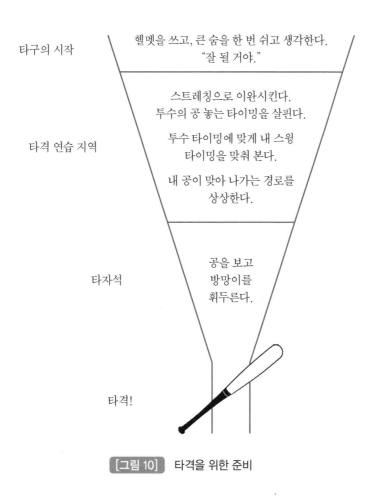

타구의 시작

헬멧을 쓰고, 큰 숨을 한 번 쉬고 생각한다.
"잘 될 거야."

타격 연습 지역

스트레칭으로 이완시킨다.
투수의 공 놓는 타이밍을 살핀다.

투수 타이밍에 맞게 내 스윙
타이밍을 맞춰 본다.

내 공이 맞아 나가는 경로를
상상한다.

타자석

공을 보고
방망이를
휘두른다.

타격!

[그림 10] 타격을 위한 준비

2) 타자석: 한 번에 공 하나만을 때린다

- 깊게 숨을 마신다.
- 계획을 상기한다. "공의 중간을 강하게 때린다."
- 숨을 들이마시면서 단서가 될 단어나 문구를 떠올린다. 예를 들어, 숨을 들이마시고 생각한다. "끝까지 기다렸다가 공을 끝까지 본다." 그리고 숨을 내쉰다.
- 박스에 들어와 순서대로 자신의 의식을 거행한다. 예를 들면, 타자석에서 오른 다리를 고정시키고, 왼 다리를 고정시키고, 플레이트를 톡톡 친 후에, 마지막으로 투수나 공을 쳐다본다.
- 자신이 정해 놓은 집중 점을 쳐다본다.
- 배트의 상표를 보는 것도 좋다. 그런 행동들이 머리를 맑게 하기만 하면 된다.

막상 타석에 들어섰을 때 경기에 관련된 여러 가지 생각이 떠올라 집중이 안 될 때가 있다. 그러면 다음과 같이 생각을 정리하여 집중력을 높일 수 있다.

우선 경기 상황에 관련된 여러 가지 일을 네 가지로 정리하고 순서대로 생각을 하며 집중한다.

① **광범위한 외부 상황:** 상대 팀 야수들의 수비 위치, 자신의 팀 주자의 상태, 투수의 상태를 파악한다.
② **광범위한 자신의 내부 상황:** 내가 해야 할 임무를 생각한다(예: 1루 주자를 2루에 보내는 것이 내 임무이다).

③ **좁은 자신의 내부 상황:** 임무를 위해 내가 해야 할 구체적인 행동을 떠올린다(예: 주자를 진루시키기 위해서는 1루와 2루 사이로 밀어 쳐야 한다. 그렇게 하기 위해서는 배트를 짧게 잡고 공의 윗부분을 강하게 내리친다).

④ **좁은 외부 상황:** 이제 내가 해야 할 일이 정해졌기 때문에 이 상황에서 나는 그것만을 하면 끝이다. 결과를 생각하는 것은 다시 광범위한 외부 생각으로 빠져드는 것이기 때문에, 결과가 아닌 임무 생각 하나만으로 족해야 한다.

3) 긴장 풀기

- 숨을 한번 크게 내쉰다.
- 집중 점을 다시 한번 쳐다본다.
- "나는 괜찮다."라고 자신에게 이야기한다. "이번에는 못 했지만 이제 긴장을 풀고 다음 공에는 잘해 보자."라고 이야기한다.
- 타자석에서 나와 한 바퀴 돌아본다.
- 배팅글러브를 다시 껴 본다. 운동복 혁대를 다시 조여서 꽉 매면서 다음 번 공에 집중한다.
- 먼지를 배트에 묻혔다가 그것을 털어 내면서, 자신의 불안까지 털어 내게 만든다.
- 손을 머리로 가져가 헬멧을 단정하게 쓴다. 드라이버로 자신의 머리를 다시 조이는 것과 같은 효과를 낸다.

4) 타격

- 타격 시에도 임무를 가져야 한다.
- 평소 자신의 의식을 가진다. 더 집중하려고도, 더 이완하려고도 하지 말고 연습할 때의 집중도를 갖는다.
- 투구 사이에 심호흡을 한다.
- 타자석에서 스트라이크 존을 다시 설정한다. 안 좋은 일이 있었으면 타석에서 잠시 물러나 헛스윙을 해 보는 것은 중요한 자기 의식이다.
- 각각 다른 스트라이크 존의 공을 상상하고 그것을 때려서 적절한 곳으로 보내는 것을 상상하라.
- 배트를 다시 잡으면 자신이 최대한의 스윙을 할 수 있다는 자신감을 불어넣으라.
- 배트를 다시 잡으면 방금 전 나쁜 스윙은 고쳐질 것이라는 생각을 하라. 따라서 실제 연습할 때도 나쁜 타구가 나왔을 때 잡은 그립을 그대로 잡고 다시 치는 것은 좋지 않다.

10. 투구 궤적과 공의 위치

　빠른 직구의 궤적과 위치는 처음 공을 놓는 위치와 공의 회전에 따라 결정되지만 속도에도 영향을 받는다.

　그림은 처음 150km로 던진 공이 타석에 올 때의 위치로, 처음 던진 궤적과 약간의 차이를 보여 주고 있다. 하지만 145km로 던지게 되면 처음 궤적과는 차이가 어느 정도 나게 된다. 따라서 공이 150km로 들어올 때와 같은 위치로 가정하고 스윙을 한다면, 타자는 공의 윗부분을 간신히 치게 되어 구르는 볼이 될

수밖에 없다. 따라서 수평 스윙을 일정하게 하면 5km 정도의 공의 **빠르기** 차이
로, 공은 뜨는 볼이 될 수도 있고, 땅볼이 되는 수도 있다.

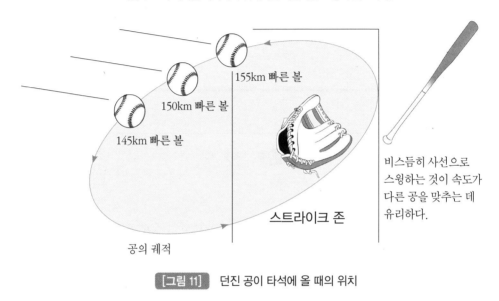

이런 5km의 차이를 극복하기 위해서는 기울어진 스윙이 필요하다.

155km 빠른 볼

150km 빠른 볼

145km 빠른 볼

스트라이크 존

비스듬히 사선으로
스윙하는 것이 속도가
다른 공을 맞추는 데
유리하다.

공의 궤적

[그림 11]　던진 공이 타석에 올 때의 위치

1) 스윙의 궤적

투수의 손에서 공이 떠난 이후에 타자가 스윙을 해서 공을 맞추는 순간까지
의 상황을 분석해 놓은 것이다.

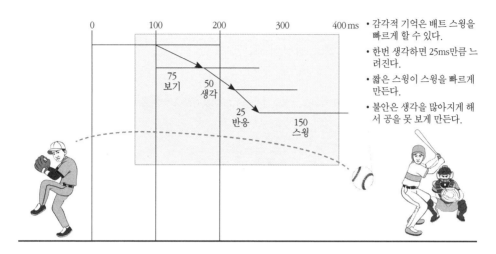

[그림 12] 스윙의 궤적

(1) 보기

투수가 와인드업을 해서 손에서 공이 떠난 후 타자가 처음으로 공의 궤적과 회전을 감지하는 시간이다.

- 타자가 눈으로 감지하고 망막의 세포가 그것을 전기 신호로 바꾸어 뇌로 보내는 시간은 약 25ms 정도 걸린다.
- 미세한 시신경을 통해서 뇌의 시각 영역에 도달하기 위해서는 20ms 정도가 걸린다. 이것은 도달하는 데까지만 걸리는 시간이다.
- 뇌가 그것을 분석하여 명령을 내리는 데는 적어도 30ms 정도가 걸린다. 따라서 기본적인 뇌의 반응이 걸리는 시간은 가장 빨라야 75ms 정도로 생각할 수 있다. 이 시간이면 공은 벌써 9피트 정도 진행되어 있다.

(2) 생각

뇌는 오래 생각하면 할수록 조금 더 정확하고 세밀한 계획을 세울 수 있다. 하지만 타자는 공을 맞추기 위해서는 가능한 한 빨리 스윙을 시작해야 한다. 타자가 공의 상황(스트라이크/볼, 직구/커브, 속도 등)을 파악하는 데는 25ms 정도의 시간을 소비한다(최대 50ms의 시간을 사용할 수 있다). 타자가 스윙을 시작했다 하더라도, 스윙의 궤적을 바꿀 수 있는 시간은 있다.

(3) 동작

뇌에서 하지까지 신경이 전달되는 데는 15ms 정도 걸린다. 또한 하지에 도달한 신호가 각 대근육 혹은 소근육까지 나뉘어져 수천 개의 세포를 활성화하는 데 10ms 정도를 더 소비하게 된다.

(4) 스윙

처음 준비 기간 30ms를 포함하여 전체적인 스윙을 하는 데는 약 180ms 정도 걸린다. 따라서 스윙 시간만으로는 150ms 정도로 계산할 수 있다.

- 타자가 한 번 더 생각하면 25ms를 연장시키게 된다. 따라서 예측 스윙은 시간을 절약할 수 있으며 자기의 스윙을 할 수 있다.
- 감각적 기억(Preattentive memory)이 시간을 절약시킬 수 있다. 따라서 감각적 기억 능력을 향상하는 훈련이 필요하고 노장들의 경험은 이 감각적 기억을 향상하고 있다.
- 불안은 공을 짧게 보고 생각을 길게 만들어 스윙의 밸런스를 무너뜨린다.
- 큰 스윙보다는 짧게 끊어 치는 스윙이 시간을 절약할 수 있다. 모두가 베이브 루스 같은 홈런 타자일 필요는 없다.

11. 타자가 슬럼프에 빠지는 흔한 이유들…… 그리고 탈출

1) 슬럼프에 빠지는 이유

- 볼을 끝까지 본다는 것을 너무도 당연하게 생각하고 있다. (끝까지 안 보고 있는데, 보고 있다고 오해한다.) 타자들은 흔히 잘 안 맞으면 자신이 공을 끝까지 안 보는 것보다는 타율, 타격 폼, 운 등을 먼저 떠올린다.
- 투수에게 끌려다닌다. 투수가 오늘 공이 좋으니까 삼진 아웃될 확률이 높다. 따라서 비슷하면 배트가 나간다. 그렇게 되면 타자는 자신이 세워 놓은 타격 계획을 잃어버리게 된다.
- 큰 타구를 날리기 위해 스윙이 커진다. 이것은 연습 때부터 시작이 된다. 연습 때 망가진 타격 폼은 문제를 일으킨다.
- 타자의 생각이 많아진다. 이것은 어떤 상황이건 항상 발생하는 가장 흔한 이유 중 하나다.
- 과거의 타격 폼을 생각한다. '과거에는 이렇게 때렸는데' 하고 생각하면 타격 도중에 타자는 폼을 조절하려고 하고, 그렇게 되면 자연스러운 스윙에 방해를 주게 된다.
- 타자가 자신을 분석한다. 시합 중에 자신의 스윙을 분석해서 자연스러운 스윙을 방해하게 된다. 이것은 내재적 기억을 방해함은 물론이고 손-눈 협동 조작을 방해하게 된다.
- '어떻게 하면 이 좋은 폼을 잃어버리지 않지?'처럼 지금 상태가 너무 좋아서 이 폼을 그대로 유지하고 싶다는 생각은 반대로 부정적인 결과를 유발하기 쉽다.

2) 슬럼프를 탈출하는 방법

- 단순하게 생각하라. 가장 기초적인 계획을 세우고 그것에만 매달리라.
- 맞히는 것에만 집중하라. 맞히는 것은 조절할 수 있지만 그다음 타구의 방향이나 좋은 수비가 나와 아웃당하는 것은 타자가 조절할 수 없는 것이다.
- 한 번에 한 번의 스윙만 하라. 13타수 무안타, 20타수 2안타의 과거 전적에 대해 생각하지 말라.
- 단어 선택에 신중을 기하라. 슬럼프에 빠졌다고 너무 쉽게 단정하고 정의하지 마라. 너무 오랫동안 잘 못 친다는 생각을 하면 정말로 잘 못 치게 된다.
- 과거로 되돌아가는 것이 새로운 방법이나 해결책을 찾는 것보다 쉽고 빠르다.
- 과거 자신의 신문기사를 참조하라. 정말로 좋은 정보를 거기서 얻을 수 있고 도움을 많이 받을 수 있다.
- 팀 동료에게 용기를 북돋아 주는 역할을 의식적으로 하라. 그것은 팀 동료를 돕는 행동도 되지만 실제로는 자기 자신에게 용기를 주는 좋은 방법이 될 수 있다.
- 적게 시도하라. 슬럼프 때 가장 흔한 오류는 너무 어렵게 치려고 하는 것이다. 더 많은 특타 훈련을 하고 스윙 연습을 하면 할수록 오류의 올가미에 계속 감기는 것이다. 연습은 더 많이 했는데도 계속 더 안 좋은 모습을 보이게 되고 그러면 더 많은 실망을 하게 된다. 연습을 당분간 멈추고 기분전환을 하는 것도 좋은 방법이다. 흔히 FA를 앞두고 많은 선수가 가장 무더운 여름에 슬럼프에 빠지게 되고, 여기서 극복하기 위해 더 많은 연습을 더 어려운 방법으로 만들어 하고 또 한다. 체력이 떨어진 맹목적 스윙은 잘못된 스윙을 더욱 강화하고 그럴수록 공은 더욱 맞히기 어려워진다.

3) 자신의 수첩 만들기

다음의 사항들은 항상 한 번의 타석 뒤 혹은 게임 뒤에 자신이 대답한 후 메모해 두어야 할 내용이다.

- 더그아웃에서 투수를 연구했는가?
- 당신의 의례를 시행했는가?
- 매 투구 때마다 자기 조절이 가능했나?
- 노란불에 해당하는 조건은?
- 노란불 혹은 빨간불 상황에서 자신을 진정시키기 위해 무슨 일을 하였나?
- 각 투구 때마다 명확한 계획을 세웠는가? 어떤 계획을 세웠나?
- 계획대로 수행했는가? 아니면 단순히 입으로만 떠들었나?
- 시합 내내 타격의 질은 어느 정도였나? (예를 들어, 비록 4타수 무안타였지만 4타수 2안타 때보다 타격의 질은 더 좋았다.)

12. 수비와 주루의 심리적 전략

1) 수비: "나에게 쳐라"

수비를 할 때 자신이 자신 없는 지역 말고 최고로 자신 있어 하는 지역을 선정해 두어야 한다.

[그림 13]   수비-자신이 있는 지역을 선정한다

2) 임무

수비수도 자신을 알아야 한다.

장점	단점

최고의 수비를 보였을 때 그때의 태도와 마음가짐은 무엇인가?

수비가 잘되었을 때 투수가 공을 던지기 전 마음속에 떠오른 생각은 무엇인가? (아무 생각이 없었다면, 자신이 중얼거릴 아무 말이라도 적어 놓아라.)

수비에 문제가 있었다면 투수가 공을 던지기 전 무슨 생각을 하고 있었는가?

3) 한 번에 하나의 수비만 하기

(1) 컨트롤 가지기

투수와 마찬가지로 수비수 역시 컨트롤을 가지고 있어야 한다. 공이 오는 지점을 동물적 감각으로 포구해야 한다는 것은 상당히 비과학적 표현이다. 조금 더 과학적 표현을 빌리자면 평소 연습에 의한 내재적 기억은 공의 소리만으로도 내재적 기억의 단서가 되어서 몸의 기억 반응의 과정을 시작시킨다는 표현이 맞다. 다만, 불안하거나 당황한 수비수는 이 내재적 기억이 흔들리게 되어서, 평소 자신이 연습하던 내재적 기억의 단서를 잊어버리게 된 것이다.

내재적 기억이란 젓가락질, 자전거 타기 등 몸에 익어서 그냥 저절로 되는 것이다. 수비는 연습에 의한 내재적 기억의 총화라 할 수 있다.

(2) 계획을 가지기

"투수가 아웃코스 공을 던지고 타자가 그것을 어떻게 치면 나에게 오니까 1루 주자를 한 번 견제한 후 2루로 공을 던진다. 단, 내 글러브에 공이 들어올 때까지 공은 끝까지 본다." 이런 구체적인 계획을 머릿속에 세워 두고 있어야 한다.

(3) 자신을 믿기: 집중의 구역

투수가 투구하기 전에 뒤로 잠깐 물러나 조금 여유를 가진 후 자신의 집중 구역을 선정한다. 너무 일찍 집중하고 있어도 좋지 않다. 언제 집중을 시작해야 하는가는 개인의 성향, 수비 위치에 따라 다르지만 그 적절한 시간을 잡는 것은 중요하다. 외야수는 공의 궤적을 늘 추적하고 있어야 하지만 내야수는 홈 플레이트와 투구를 함께 살펴보는 것이 중요하다. 포수는 투수의 릴리스 포인트를 관찰하는 것이 중요하다.

13. 심리 게임을 위한 코칭 방법

① 리더십과 권위
- 코치의 가장 중요한 임무 중에 하나는 '명료화'이다.
- 선수는 코치의 리더십이 증가할 때 이해도가 높아지고 코치에게 바라는 것이 많아진다. 이런 것들을 확립하고 난 다음에 코칭이 제대로 수행될 것이다.

② 신뢰도
- 자신이 실수할 수 있음을 항상 인지하고 있어야 한다.
- 말하기 전에 생각하라.
- 권위를 교육에 어떤 식으로 사용할까 생각하고 있어야 한다.
- 가장 쉬운 것은 일방적인 '주입'이다. 권위를 이용한 '주입'은 빨리 들어간 만큼 빨리 잊힌다.

③ 일관성
- 과정과 반응에는 일관성이 있어야 한다.
- 코칭에서 일관성이 깨지면 선수와의 신뢰가 연속적으로 무너진다.

④ 적응성
- 자신의 리더십에는 자신만의 철학에 대한 믿음이 있어야 한다. 하지만 독단적이어서는 안된다. 유연성이 가미되어야 한다.
- 철학의 기본은 '토론'이다. 다른 사람과의 대화를 통해 서로의 의견을 주고받는 것이 가장 기본적 토론 방식이다.

⑤ **균형감**
- 과유불급, 과한 것은 모자람만 못하다. 자신의 위치를 선수들을 학대하는 것에 사용해서는 안 된다.
- 코칭의 가장 기본은 선수들의 편의를 고려하는 것이다.

1) 터치의 힘: 개인의 힘

코치가 선수의 등을 한번 툭 쳐 주는 것은 코치에게는 아무것도 아닐 수 있어도 선수에게는 순간적으로 엄청난 힘이 될 수 있다. 하지만 그것이 평소 좋은 관계를 맺고 있는 코치와의 관계에서 성사되는 것이지 평소 관계를 갖지 않은 코치에게는 오히려 반대가 될 수 있다.

◎ 주의를 기울이기
- 개인적인 관심을 기울이고 있음을 선수가 느낄 수 있어야 한다.

◎ 관심의 내용은 선수와 상의가 되어야 한다.
- 운동선수로서뿐만 아니라 팀의 동료로서 연결이 되어 있어야 한다.
- 이것은 동양의 운동선수와 코칭 스태프와의 관계에서 상당히 헷갈리는 부분이다.
- 존댓말을 주고받고, 새해에 세배를 다니고, 스승의 날에 형식적 선물을 주고받아야 하는 관계에서는 관심을 서로 협의한다는 것이 쉬운 일은 아니다. 하지만 관심의 부분에 대해서는 두 관계 사이에서 꼭 협의가 되어야 한다. 관심과 간섭의 차이는 여기서 시작이 된다.

◎ 그렇다고 코치가 선수의 친구가 될 수는 없다.

- 가까워지라는 말이 너무 가까워져 친구가 되라는 것은 아니다.

◎ 설득은 상대방을 압도하라는 것이 아니다.

- 당신의 의견을 받아들일 마음의 문을 여는 작업이 '설득'이다.
- 설득은 현실성이 있어야 한다.

2) 리더십을 갖기 위한 덕목

- 인격: 성직자 같은 인격을 가질 필요는 없다. 하지만 자신이 어떤 사람인 지는 알아야 한다.
- 당신은 누구를 다룰 수 있나? 팬? 감독? 부인? 당신의 명성?
- '자기'의 정의에 관한 두 가지 질문: 나는 누구인가? 누가 나를 필요로 하 는가?
- 권위는 우선권을 가질 수 있다. 좋은 권위는 선수에게 어필할 수 있는 우 선통과 패스다.
- 자신이 선수였을 때를 기억하라.

3) 코치와 선수의 대화는 '쌍방향'이어야 한다

- 평소 대화가 있으면 위기 상황에 아주 적은 대화로도 선수를 진정시키지 만, 평소 대화가 없으면 위기 상황에 아무리 이야기를 해도 선수가 그 뜻 을 알아듣지 못한다.
- 단지 좋은 사람? 선수 주변에 좋은 사람은 얼마든지 많다. 단지 선수에게 좋은 사람으로 있으면 안 되고, 선수가 깨닫고 발전할 수 있는 기회를 갖 게 해 주어야 한다.

- 선수의 마음을 지각하고, 그것을 재료로 대화해야 한다.

4) 행동으로 대화하기

- 참된 대화는 꼭 긴 말로 하지 않아도 된다. 참된 감정이 느껴지는 가벼운 어깨 두드림, 미소 살짝만으로도 선수에게 큰 위로를 줄 수 있다.

5) 대화의 세 가지 요소

- 자신의 의사를 표현하는 사람: 사물, 생각, 느낌 그리고 언어로 이를 표현한다.
- 신호: 말, 행동, 표정
- 의사를 수용하는 사람: 보낸 사람의 신호를 파악하는 사람

6) 의사표현의 형태

의사표현은 꼭 언어가 아닌 다른 형태의 표현법도 있다.

- 말이 아닌 언어: 표정, 몸짓
- 말
- 혼용된 말의 신호 전달(행동과 감정, 말이 혼합된 형태).

7) 코치가 말한다고, 선수가 모두를 알아듣는 것은 아니다

- 실제 언어로 실제 영역을 표시하여야 한다.
- 모호한 언어보다는 자신이 정의할 수 있는 단어로 정확히 묘사하라.

- 실제 일어난 사실에 근거한 말과 자신의 개념 속에 담겨 있는 말의 차이를 이해해야 한다.
- 잘못된 비교는 하지 않는다.
- 법관이 아닌 코치가 되어야 한다.
- 시간이 지날수록 기분 나쁜 말은 점점 그 뜻이 악화되어 간다.
- 하나의 사건을 가지고 일반화하지 말아라.
- 실제 일어난 사실(결과)과 추리(선수가 제대로 경기를 하지 않은 것), 도덕적 판단("넌 나쁜 선수야.")을 반드시 구분하여 이야기해야 한다.
- 실제로 일어난 일을 가지고 자신의 논리를 펴야 한다.
- 침묵도 말과 동일한 결과를 일으킬 수 있다.

8) 명확한 의사소통을 위한 구성 요소: 누가, 언제, 어디서, 무엇을, 어떻게, 왜

- 누가: 누구와 의사소통을 하고 있는지 명확히 알고 있어야 한다. 선수의 성향과 특성을 알고 있어야 한다. 참을성이 있는지/건드리면 터지는지
- 언제: 경기 전 미팅(로커 룸)에서 선수들과의 원활한 의사소통을 하기 위해서 양방향 대화도 필요하다. 상대팀에 대한 생각, 특정 선수를 분석한 내용 등을 선수에게 물어봄으로써 목표 설정을 다시 상기할 수 있다.
- 어디서: 경기장에서 실수가 나오면 코치는 금세 기분이 나빠진다. 그리고 이내 소리를 빽 지르게 된다. 당연히 선수가 야단맞는 것을 받아들이는 적절한 시기일지 몰라도 그리 좋은 상황은 아니다. 선수는 모든 팀 동료가 보고 있는 가운데 플레이를 하였다. 노력이 부족해서가 아니고 단지 부족한 실력을 보인 것이다.
- 어떻게

－일단 들어라.

－질문하라.

－객관적이어야 한다. 자신이 들을 것을 생각하라.

－자신을 조절할 수 있어야 한다.

－목소리 톤을 조절할 수 있어야 한다.

－자신이 어떤 단어를 사용하고 있는지 주의해야 한다.

－본론만을 이야기하라.

－적절한 정보를 가지고 이야기하라.

－선수가 받아들이지 않을 수 있다는 것을 인지하라.

－설득이어야지 강요가 되어서는 안 된다.

• 왜: 만족할 수 있는 경기력은 결과도 중요하지만 과정에서 의미를 찾아야 하기 때문이다.

9) 코칭은 가르침이다(효과적인 가르침을 위한 요소)

• 긍정적인 생각과 작용을 이야기하라.

• 선수가 일단 모르고 있다고 가정하라. 프로 선수가 이것도 모르냐는 식의 선입견은 안 된다.

• 가르치는 회기를 정하고 제한된 정보만을 제공하라.

• 객관적이고, 신뢰감 있고, 목적이 있어야 한다.

• 보조 코치도 같은 단어로 같은 방향을 가르쳐야 한다.

• 선수들과 연합해야 한다.

• 피드백을 장려하라. 코치의 말에 토를 다는 것과 피드백은 분명 다르다.

• 배우고자 하는 환경과 태도를 조성하라.

• 가장 기본이 되는 것과 효과적인 운동을 가르치는 분위기를 조성하라.

- 객관적인 관찰자와 문제 해결자가 되어라.
- 실수를 가지고 비난하기보다는 가르치는 도구로 삼아라.
- 효과적인 배움, 의욕, 적절한 행동을 장려하라.
- 자신이 가르치는 과정이 어떻게 전달되고 있는지 알고 있어야 한다.
- 일정한 가르침의 시각은 유지해야 한다.
- 선수가 힘들어하는 부분, 그것을 극복할 수 있는 정신적 부분에 대해서 소개하고 같이 연구해야 한다.

14. 코치들을 위한 조언

① 역경

역경을 잘 다루는 코치가 정말로 유능한 코치다. 선수들은 자신이 누구이고, 자신의 뜻대로 일이 풀리지 않을 때, 어떤 식으로 자신이 반응하는 사람인지 알게 된다. 코치들은 이것을 그냥 지나치지 못한다. 자신의 선수들이 변하기를 원하고, 너무도 당연한 것을 지적한다. 꼭 코치가 아니더라도 다른 사람들도 다 아는 것을 지적하는 것이다.

② 화

화를 낼 때 코치는 정당한 이유가 있어야 하며, 자신이 화를 조절할 수 있을 정도로 화가 나야 한다. 즉, 목적과 계산과 조절이 가미되어야 한다. 선수가 생각할 수 없을 때는 화를 내서는 안 된다. 선수에게 감정을 상하게 할 뿐이다. 선수가 잘못한 일을 다룰 수 있는 내일, 그다음 번 등으로 미루어야 한다.

③ 접근성

당신의 선수들은 항상 당신의 말을 알아듣는가? 그렇게 하려고 하는가? 정말로 그것을 원하는가? 모든 대답은 "아니요"이다. 접근성이 높은 코치는 선수가 알아들을 수 있는 수준을 인정하고 그 정도만을 기대하고 이야기하는 코치이다.

④ 성취

코치가 자신의 목표를 성취하는 것은 흔히 왜곡된 방법으로 이루어진다. 승리가 전부인 코치의 목표는 정말로 무가치한 것이다.

> 아이러니하게도 선수들은 코치의 의도와 반대로 행동한다. 코치가 '스스로 알아서'라는 방침을 세우면 그 반대로 움직이고, 강하게 조이면 느슨해지려고 한다. 즉, 수동공격적으로 행동함으로써 책임감 없는 반항을 하려고 하는 것이다.

⑤ 큰 경기

큰 깨달음을 주거나 다른 경기와 구별되어 눈에 보이는 결과를 보여 주는 경기. 흔히 선수들은 큰 경기를 준비하기 위해 마음을 다잡고, 더 열심히 연습하는 것을 당연하게 생각한다. 큰 깨달음이나 배움이 있으면 결과에 상관 없이 '큰 경기'를 통해 좋은 경험을 하지만, '결과'에 집착하면 승패에 상관없이 지나친 훈련과 부담으로 인한 부작용만 나온다.

⑥ 돌보기

코치나 감독이 선수들과 얼마나 효과적인 의사소통을 할 수 있는가를 알아보는 중요한 잣대가 된다.

⑦ 변화

변화는 배우고 있다는 증거다. 변화할 수 없다면 배우지 마라. 배우는 것은 곧 변화다. 흔히 예전의 폼으로 돌아가고 싶어 하는 선수들이 많은데 그것은 배우는 것이 아니라 과거의 추억 속에 숨어 버리는 것이다. 선수는 변해야 한다. 예전 폼과 비슷하게 변화해야 한다. 과거와 지금의 자신은 벌써 나이가 다르고 경험과 경쟁자들이 달라졌다.

⑧ 특징

특징은 자신의 정체성을 결정짓는 좋은 무기이자 자신감이다. 하지만 특징은 정체성의 일부이지 정체성과 혼동하여서는 안 된다. 남자와 같은 힘을 가진 여자 선수는 여자이지 남자가 아니다. 여자 선수로서의 정체성을 가지고 남자와 같은 특징을 발휘하여야만 자신의 특징과 특기를 살리는 선수가 될 수 있는 것이다.

⑨ 항상성

안정적인 코치의 특징은 운동의 문제이건, 개인적인 문제이건 간에 감정의 기복을 보이지 않는 것이다. 감정의 기복이란 웃지도 않고 울지도 않는 것을 뜻하는 것이 아니라 비슷한 일에 비슷한 감정을 표현하는 것이다. 화나는 일을 만나도 화를 내지 않고, 웃기는 일에도 웃지 않는 것이야말로 진짜로 감정의 기복이 있는 것이다.

⑩ 용기(담력)

스포츠에서 용기라고 하는 것은 다른 것을 무서워하지 않는 것을 뜻하는 것이 아니다. 코치가 선수에게 줄 수 있는 용기는 선수가 자신의 신념대로 할 수 있게 만들어 주는 것이다. 자신의 단점을 강점 뒤에 숨기는 것이 아니라 단점을 알고 강점으로 극복하게 도와주는 것이다. 어떻게 직면하게 만드는지가 중요하다.

- 무엇을 직면시켜야 하는가?
- 도전 과제 혹은 상황: 다른 선수들, 언론, 비평가 등등
- 책임감(용서 혹은 그냥 넘어갈 수 있는 일)
- 불운: 망친 게임, 시즌
- 실망
- 수치심
- 개인적 문제
- 진실/솔직함 (vs 부정과 의혹)
- 옳은 일의 수행 (vs 편법)
- 만족을 뒤로 미루는 유연함 (vs 순간적인 만족을 추구하는 부적절함)

⑪ 비난

코치들은 항상 비난을 뒤집어쓰고 살아야 한다. 그래야만 자신들을 더 단련시킬 수 있다. 조그만 일에 금방 얼굴이 빨개진다면 상당히 불편하고, 집중해서 일을 할 수 없을 것이다.

가장 중요한 원칙은 '취할 것은 취하고 줄 것은 주어야 한다'는 것이다.

코치라는 역할은 항상 비판적이기 때문에 받아들이는 사람이 준비가 되어있을 때만 효과가 있다. 코치가 몇 번을 이야기했을 때도 받아들이지 않는다면, 매력 있는 코치는 가르치는 방법이나 내용을 바꾼다. 여기서 코치의 명성과 권위가 좌우될 수 있다. 명성이 있는 코치에게 오는 선수들은 벌써 마음의 문을 활짝 열어 놓고 온다. 그리고 모든 것을 흡수하려고 시도한다. 하지만 코치들 중 몇 명의 코치가 몇 천, 몇 억의 연봉을 받는 선수들의 마음을 그렇게 움

직일 수 있겠는가?

⑫ 독재자

독재자의 정의는 무소불위의 힘을 가지고 전권을 휘두르는 사람을 뜻한다. 자신을 훈련 벌레라고 명명하는 코치는 그 말 뜻뿐만 아니라 선수들을 이해하고 있는 것이 아니다. 훈련을 시킬수록 선수들의 능력과 힘이 향상되는 것이 아니라, 순간적인 자신의 뜻만을 전달하는 것이다. 선수들은 능동적으로 자신이 움직여야 한다.

⑬ 힘든 선수

힘든 선수를 다루는 것은 쉽지 않은 일이다. 특히 선수가 실력이 뛰어나지만 늘 불만이 많고 다른 선수들과 어울리지 못하는 선수라면, 그 선수를 계속 같이 가야 하는가, 아니면 전력의 손해를 무릅쓰고 포기해야 하는가를 고민하게 될 것이다. 다음의 원론적인 질문이 이를 결정하는 데 도움이 될 것이다.

- 그 선수의 문제를 원인부터 정확히 이해하고 있는가?
- 누구의 문제인가? 그 선수에 대한 선입견 때문인가?
- 선수가 그런 행동을 통해서 전달하려는 의미가 무엇인가?
- 선수는 자신의 그 행동을 문제라고 생각하고 있는가?
- 선수가 진정으로 원하면 자신의 그 행동을 바꿀 수는 있는 것인가?
- 코치가 선수를 위해서 그 행동을 진정으로 바꾸기를 원하고 있다는 것을 선수는 알고 있는가?
- 어떻게 바꿔야 하는지를 알고 있는가?
- 선수가 조절할 수 있는 능력이 있는가?
- 자신의 행동을 바꿈으로써 어떤 이득이 있는가?

- 자신의 모습을 진정으로 보고 난 이후에 선수는 어떤 것을 선택할 것인가?

⑭ 자아

자아는 자신에 대한 평가뿐만 아니라, 대인 관계부터 자신감까지 여러 분야에 걸쳐 중요한 기능을 담당하는 심리의 가장 중요한 요소라 할 수 있다. 이 자아가 튼튼하면 자신감이 있어서 다른 사람의 비난이나 충고를 겸허히 받아들일 수 있으며, 자신이 스스로를 비난해도 곧 자괴감에서 빠져나올 수 있다.

⑮ 기대

코치뿐만 아니라 가족, 동료, 팬, 대중매체 등이 선수에게 거는 기대는 상당하다.

- 코치의 기대: 코치의 근거 없는 기대가 적을수록, 근거 있는 기대가 클수록 선수의 능력은 최대한 발휘된다.
- 선수의 기대: 좋은 코치 밑에서 배운 선수는 자신이 기대할 것을 기대한다.

⑯ 얼굴 표정

선수들의 표정은 의사소통의 한 형태이다. 동작 언어가 의미를 담고 있다면 표정 또한 동작 언어의 한 부분인 것이다. 훌륭한 프로 야구 선수라면 표정을 조절하는 것은 물론이고, 표정을 경기에 이용할 수 있어야 한다.

⑰ 직감

직감은 육감적인 부분으로 의식적으로 논리적 표현을 하지 못한다. 따라서 직관적으로 반응을 하지만, 자신이 무엇을 알고 있는지는 모른다.

직관적인 이해는 거의 무의식적 수준에서 나온다. 따라서 진정한 가르침과

습득에 있어서 직감의 이해는 상당히 중요하다.

⑱ 솔직함

선수들은 코치가 옳은가 그른가를 따지기보다는 솔직한가 정직하지 못한가를 가지고 더 깊게 생각한다. 아무리 마음이 넓은 사람이라 하더라도 모든 사람의 의견에 다 동의하고 따라가지는 못한다. 하지만 그 사람이 한 말을 기억하고, 그 말대로 그 사람을 기억하는 것은 조금만 생각 있는 사람은 할 수 있다. 따라서 거짓말을 한 사람이 무의식중에 다른 이야기를 했을 때는 금방 알아차리게 되며 그것은 곧 신뢰로 이어지게 된다.

⑲ 매스컴

매스컴과는 적게 부딪힐수록 더 좋다.

⑳ 아는 것과 실행하는 것

코치와 감독이 항상 가지고 있는 고민은 '선수가 알고는 있는데 실행을 하지 않는다는 것'이다.

그것을 해결하는 핵심 열쇠는 '동기 부여'다. 선수들은 무엇이 좋고 나쁜지를 아는 정도의 머리는 이미 충분히 가지고 있다. 다만, 자기가 알고 있는 지식에 얼마나의 가치를 부여하는가가 실행으로 옮기는 열쇠인 것이다.

㉑ 낙인

낙인보다 선수를 슬럼프로 끌고 가는 무서운 것은 없다. 낙인은 코치가 선수에게, 팬들이 선수에게 찍는 경우가 많이 있지만, 더 나아가서는 선수가 자기 자신에게 하는 경우도 많다.

낙인을 찍지 않기 위한 방법은 다음과 같다.

- 낙인을 찍은 사람이 해결해 주는 것이다. 즉, "저 선수는 겁 많은 선수야." 라고 한 코치가 이야기했다면 그 선수가 겁이 많은 선수가 아니라는 것을 끝까지 선수에게 보여 주어야 한다.
- 일반화를 하지 말아야 한다. 아주 더운 날 선수가 실수를 한 것을 보고 "그 선수는 더위에 약한 선수야."라고 말하는 것은 아주 위험한 발상이다.
- 구체적인 실수를 지적해야 한다. "그 선수는 누상에 주자가 있을 때 항상 긴장해."라는 말보다는 "그 선수는 주자가 1루와 3루에 있을 때, 자신의 수비 위치의 반경이 넓어져 모든 것을 책임져야 하는 순간 욕심을 많이 부려."라는 말이 코치로서 훨씬 책임 있는 말이다.
- 사람 자체를 논하는 것이 아니라 선수의 행동에 초점을 맞추어야 한다.
- 뭔가 다른 행동을 보이는 선수들의 마음을 이해하려고 노력해야 한다.
- 사람은 변할 수 있는 존재라는 것을 항상 마음에 두고 있어야 한다.
- 효과적인 수행에 방해가 되는 어떤 정신적 스트레스가 있는지 파악하고 있어야 한다.
- 선수를 단순히 띄워 주기보다는 변화를 주는 것에 초점을 맞추어야 한다.
- 사람은 자신이 처한 상황에 따라 다르게 행동한다는 것을 알고 있어야 한다.
- 자신이 처한 상황에서 성공하기 위한 최대의 모델을 항상 제시해 주어야 한다.

㉒ 강한 정신력

강한 정신력이라는 말보다는 정신 훈련이라는 용어가 더 잘 어울릴 것이다. 하지만 코치들은 강한 정신력이라는 말을 더 좋아한다. 강한 정신력이라는 개념을 구체적으로 해부해 보면 다음 것들이 필요하다. 용기, 지속적인 집중력, 냉정함, 책임감, 정직함, 희생정신, 자신감, 충동 조절, 긍정적 마인드, 추진력이다.

㉓ 동기

선수들이 연습 때에도 동기를 지속적으로 유지하기 위해서는 다음과 같은
것들이 필요하다.

- 연습은 짧고 알차게 한다. 주의력의 기간은 사람마다 다르다. 하지만 연습이 긴 것보다는 짧은 것이 좋다는 것은 모든 이가 동의한다.
- 각각의 연습은 목표가 있어야 한다.
- 가능한 한 많은 선수가 참여해야 하고, 구경하는 선수들은 가능한 한 없어야 한다.
- 연습 중에 야단치거나 훈계를 하기 위해서 운동이 중단되어서는 안 된다. 동기는 개인의 동기가 있으며, 팀의 동기도 존재한다.

㉔ 판정

코치나 선수 모두 판정에 집착할 필요가 없다. 오히려 판정에 너무 민감하게
반응하는 것은 치명적이다.

다음의 내용들은 판정에 예민한 선수에게 충고해 줄 수 있는 말이다.

- 판정이 항상 옳게 내려진다고 생각하는 순수함은 버려라. 흔한 말로 판정은 움직이는 것이다.
- 선수나 코치 모두 심판을 움직일 수 있는 사람은 없다.
- 판정 하나하나에 신경 쓰고 그것에 좌지우지되는 것은 정상적인 심리 활동을 위축시킨다. 따라서 코치는 게임에 열중하고 선수는 플레이에 열중해야 한다.
- 선수나 코치 중 한 사람이 먼저 판정에 신경을 쓰게 되면 나머지 그룹이 따라서 신경을 쓰게 된다.

- 잘못된 판정이 내려진 후 자기 파괴적인 행동보다는 훈련으로 생각하는 것이 효과적이다.

흔히 외국과의 중요한 경기 때 편파 판정이나 잘못된 판정이 나올 수 있다. 그때 선수들과 코치들은 결과에 치명적 영향 때문에 흥분하여 다음 플레이나 지속적인 게임에 집중을 잃게 된다. 고의적 잘못된 판정의 가장 큰 목적은 플레이나 경기의 집중을 끊는 것이 가장 큰 목표이기 때문에 현재 결과 때문에 흥분을 하게 되면 고의 판정의 목적을 이루게 해 주는 것이다. 따라서 또 똑같은 잘못된 판정이 내려진다 하더라도 (그럴 확률은 적겠지만) 평소 똑같은 플레이를 그대로 보여 주는 것이 가장 효과적인 방법이다.

㉕ 인내심

- **관용**: 무조건 참으라는 것이 아니다. 코치는 선수들의 실수에 대해 참으면 안 되지만 지적할 때 기본적으로 선수들은 완벽하지 않다는 생각을 꼭 하고 있어야 한다.
- **이해**
- **끈기**: 선수들이 받아들일 때까지 반복적으로 기술적 지도를 해야 한다.
- **일관성**: 항상 일관적인 지적을 해야 한다.

충동적이어서는 안 되고, 결과가 나올 때까지 조용히 기다린다. 말을 하지 않고 기다리는 것이 아니고 이성적이고 이론적인 지적을 코치가 원하는 결과가 나올 때까지 계속하는 것이다. 어려움, 자극, 귀찮음을 견뎌 내야 한다

㉖ 긍정의 힘

긍정의 힘은 운동에서뿐만 아니라 인간 삶의 모든 분야에서 아무리 강조해

도 지나침이 없다.

긍정의 힘을 유발하는 데 도움이 되는 사항이다.

- 가장 좋은 코치는 선수가 자신의 목표와 임무를 완수하는 방법을 새로 발견하고 강화하는 데 도움을 주는 사람이다.
- 항상 긍정적인 언어와 방향성을 제시해야 한다.
- 선수들이 생각이나 표현에서 긍정적인 면을 가지도록 도와주어야 하며 이를 지속하게 할 수 있어야 한다.
- 용기를 북돋우는 말을 매우 조심스럽게 선정해야 한다. 시기적절한 말을 잘 선택해야 한다.

㉗ 존경

선수들에게 존경을 받는 지도자가 되는 것은 모든 코치의 꿈일 것이다. 존경을 받는 코치는 다음과 같이 변한다.

- 매우 적극적으로 변한다.
- 선수들에게 솔직해진다.
- 모든 면에서 균형감을 갖게 된다.
- 돌봄과 관심을 구분한다.
- 선수들과 대화가 많아진다.
- 열정적으로 변한다.
- 다른 팀의 코치들과 경쟁적으로 된다.
- 힘든 일이 있어도 항상 일정하다.
- 결단력이 있게 된다.
- 창조적으로 변한다.

- 선수들에게 헌신적으로 변한다.
- 선수들에게 자기 발전을 위한 노력을 요구한다.
- 통솔력 있는 모습을 보인다.
- 적절한 감정 표현이 선수들을 편안하게 만든다.
- 선수들에 용기를 잘 북돋는다.
- 매사에 힘이 넘친다.
- 열광적인 면을 보인다.
- 공평하다.
- 성격이나 사고가 유연해진다.
- 목적 지향적이다.
- 지식이 점점 늘어난다.
- 개방적으로 변한다.
- 낙천적이다.
- 끈질기고 지속적이다.
- 어떤 상황에서도 침착하다.
- 항상 준비되어 있다.
- 항상 그럴듯한/받아들일 만한 이유가 있다.
- 책임감이 있다.
- 정신적으로 강하다.
- 신뢰감이 가고 믿을 만하다.
- 이해심이 많고 선수들을 이해하려고 노력하는 모습이 보인다.
- 하려는 의지를 선수들에게 보여 주고 이해시켜야 한다.

PART III

축구 편

S O C C E R

1. 평가하기

대부분의 선수는 감독, 코치, 소속 팀 직원, 동료, 언론 등을 통해 평가되고 있다. 이는 선수 역량, 인성, 생활 패턴 등과 직접적인 관련이 있으며, 부러움의 대상으로 혹은 경쟁의 대상으로 끊임없이 관찰된다. 결과적으로 타인에게 자신이 평가받고 있다고 생각되면, 선수들은 예민해지고 평가를 위해 자기 자신을 잃어버리는 경우가 종종 발생한다. 이번 첫 장에서는 '선수 자신을 평가하는 방법'부터 소개하고자 한다.

1) 1st player vs 2nd player

주관적인 관점에서 자기 자신을 평가하고 피드백을 전달받는 과정은 매우 힘들고 어렵다. 그 이유는 냉정하고 객관적인 자기 판단을 하고자 노력하지만, 과정 안에서 정확한 기준점을 찾는 것이 혼란스럽기 때문이다. 객관성 유지를 위해서 선수 자신이 생각하는 우수 선수(1st)와 비우수 선수(2nd)를 모델로 제시한 후, 두 선수 가운데서 자신의 위치가 어디인지를 판단하는 방법을 추천한다. 스스로 평가 기준점을 만드는 과정은 평가에 좀 더 많은 에너지를 사용할 수 있을 뿐 아니라, 객관적인 자기 판단의 방법이 될 수 있다.

〈표 2〉 평가 기준 표

	2nd player	나의 위치			1st player
주심의 판정		1　2　3　4　5　6			
코치진의 부당한 대우		1　2　3　4　5　6			
교체 선수로 뛸 때		1　2　3　4　5　6			
부상에서 회복할 때		1　2　3　4　5　6			
계속해서 질 때		1　2　3　4　5　6			
실수했을 때		1　2　3　4　5　6			
팀 동료가 실패했을 때		1　2　3　4　5　6			
많은 관중		1　2　3　4　5　6			
경고 카드를 받았을 때		1　2　3　4　5　6			
경기에서 교체될 때		1　2　3　4　5　6			
실점했을 때		1　2　3　4　5　6			
득점했을 때		1　2　3　4　5　6			
큰 게임에 나갈 때		1　2　3　4　5　6			
체력적으로 지쳤을 때		1　2　3　4　5　6			
다른 팀 선수들과의 관계		1　2　3　4　5　6			

　이와 같은 자기 평가 방법을 통해 일련의 과정을 수행하였다면 이제부터 자신이 보완해야 할 심리적 상황을 파악할 수 있을 것이다. 그리고 체력, 기술에 대한 목표 설정이 있듯이 심리적 영역에 새로운 목표를 설정해야 할 것이다. 이때 중요한 점은 자신의 목표가 팀의 목표와 일치해야 가장 큰 효율을 올릴

수 있다는 점이다. 그렇다면 목표 설정은 어떠한 과정과 선택이 있어야 하는지 다음에서 확인해 보도록 하자.

2) 주변 사람들과의 대화

　때로는 선수들이 자신의 평가를 타인으로부터 받아 보고 싶은 마음이 생긴다고 한다. 이러한 경우, 대체적으로 경기력이 좋지 못했거나 계획했던 수행 과정이 나오지 않았을 경우와 밀접한 관련이 있다. 경기에서 자신의 실수가 승패에 큰 영향을 미쳤을 때 혹은 평균 이하의 경기력으로 실망했을 때 보도되는 관련 기사나 팬들의 기사 댓글에 대한 거부감이 들 수 있다. 몇몇 선수들은 자신에 대한 평가를 냉정하게 인정하고 원래 자신의 경기를 준비하는 반면, 평가에 대한 생각이 끊임없이 이어지면서 자신이 평가에 빠져드는 경우가 있다. 결과적으로 다른 사람의 평가를 통해 자신의 모습에 스스로 낙인찍는 경우가 발생하게 된다.

　이를 해결하기 위한 방법은 무엇이 있을까? 먼저, 자신을 잘 아는 동료 혹은 지도자와의 대화이다. 실수는 실수에 한정시켜 줄 수 있는 위로와 격려가 필요하며, 부정의 메시지보다 긍정의 메시지를 전달하는 것으로 가장 원활한 해결점을 찾을 수 있을 것이다.

　더욱 객관적인 자기 평가에 있어서는 스포츠심리 혹은 스포츠 정신의학 면담을 통해 또 다른 자신을 발견할 수 있다. 대부분의 지도자는 당장 게임이 코 앞인데 몇 주가 소비되는 면담은 너무 느린 방법이라고 생각할 수 있다. 자신이 자신에게 관심이 있을 때 행해지는 분석은 마음속 깊은 곳에서 진실의 생각을 끌어올릴 수 있으며 기억에 오래 남아 경기 중 많은 도움을 받을 수 있다. 스포츠심리 전문가들 또한 단번에 선수의 문제를 해결하려는 마술적 시도보다는 시간이 다소 걸리더라도 진정으로 선수에게 도움을 줄 수 있는 체계적인 접근이 필요하다.

2. 목표 세우기

즐기는 축구를 하기 위해서 가장 선행되어야 할 것은 목표를 세우는 것이다. '목표'는 스포츠뿐만 아니라, 다른 분야에도 매우 중요한 역할을 하고 있다. 팀과 자신이 달성해야 하는 단계적 접근과 목표 설정 이유 그리고 어떠한 방법으로 목표를 설정하는지에 대해 알아보도록 하자.

1) 목표를 세우는 이유

구체적이고 세부적인 목표는 선수들의 노력이 경기에 나타나게 하는 데 큰 도움을 줄 수 있다. 여기서 중요한 점은 왜 그 목표를 세웠는지에 대한 의미를 스스로 해석할 수 있어야 한다. 예를 들어, 경쟁자보다 더 많은 출전 시간과 더 좋은 기록을 갖는 것은 장기적인 목표로는 적합하지 않을 수 있다. 위에서 언급했던 것처럼, 목표 중심에 다른 사람이 아닌 자신이 있어야 한다는 것이다.

> "저는 다른 선수들보다 열심히 하는데 경기력이 늘지 않습니다."
> "저는 주목받는 유망주였지만, 감독/코치님과의 코드가 맞지 않아서 출전 시간이 거의 없었습니다."

이런 이야기의 중심은 자신이 아닌 다른 사람이다. 자신이 이 문장의 중심이 되기 위해서는 다음과 같이 말할 수 있다.

> "저번 달에는 2시간 연습해서 안 됐기 때문에 이번 달에는 3시간 연습해서 실력이 늘었습니다."

"제가 코치님께 먼저 이야기를 해서 코치님과 어색한 관계를 정리했습니다."

이렇게 자신의 행동과 말이 위주가 되어야 한다.

프로 선수라면 누구나 비시즌과 시즌에 포함된 모든 훈련에 참여하고 있다. 여기서 중요한 점은 훈련 안에서 수동적인 자세를 보이는 선수들은 자신의 객관적인 평가보다 지도자의 눈과 자신만의 생각을 가지고 '경쟁'할 가능성이 있다. 다른 사람을 의식하는 눈치만 가지고는 치열한 프로 무대 경쟁에서 자신을 어필할 수 없다. 자신의 목표를 세우고 그것이 팀, 감독, 코치진과의 목표와 어떻게 부합이 되고 차이가 나는지를 고려해야 효과적인 운동을 할 수 있게 된다. 또한 효과적인 운동은 운동을 재미있게 만들며, 노력에 대한 결과를 가장 빠른 시간 내에 받아 볼 수 있는 과정이기도 하다.

2) 목표를 세우는 방법

현실적으로 준비 가능한 최종 목표가 무엇인지, 자신을 이해시킬 수 있는 타당한 이유가 있는 목표인지 파악하는 것이 목표 설정의 시작이다. 그리고 성취감을 느끼기 위한 세부적인 계획이 필요하다. 세부적인 계획이 필요한 이유는 경기장에서 선수 자신이 준비해 온 체력과 기술들을 항상 인지하고 수행할 수 있게 만들기 위해서이다. 좀 더 구체적으로 말하면, 팀과 자신의 문제와 욕구를 표면화하는 데 중점을 두고 단계별로 세부 요인을 결정하는 것이다.

① 동작 수행 목표
최종 목표를 달성하기 위해서 자신이 어떻게 해야 하는가, 즉 세부 행동 방법을 의미한다.

② 수행 과정 목표

　동작수행 목표를 달성하기 위해 자신이 무엇을 생각하고 있어야 하는가, 즉 구체적인 계획을 세우는 것이다.

　다음의 예를 통해 구체적인 자신의 목표를 만들어 보자.

〈표 3〉 팀과 개인의 시즌 목표의 예

나의 시즌 목표는 **주전 경쟁에서 이기기!!** ——————— 1) **최종 목표**

주전 확보를 위해서는 최소한

어시스트
15개 이상

상대 선수 압박
80분

패스 성공률
40%

2) **동작 수행 목표**

목표	내용
	체력 상태 유지(러닝은 절대 쉬지 않는다.)
	어시스트 시도 횟수
	태클의 힘과 정확성
	쉬운 플레이는 실수하지 않는다.
	압박감에 떨지 않는다.
	경기 중 절대 실망하지 않고, 내 경기를 유지한다.

3) **수행 과정 목표**

나의 시즌 목표는 **4강 진출!!** ————————— **1) 최종 목표**

4강에 진출하기 위해서는 최소한

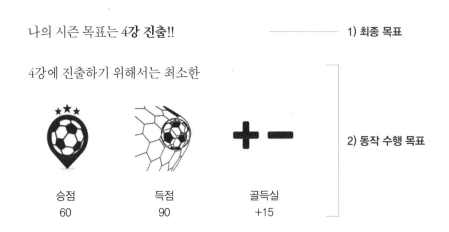

승점	득점	골득실
60	90	+15

2) 동작 수행 목표

목표	내용
★★★ ⚽	연습 경기를 통해 자신감 향상
	정규 리그 자신의 역할 100% 파악
⚽(net)	정확한 볼 컨트롤
	스트라이커 골 결정력 향상
➕➖	미드필더 능력 향상
	후방 수비수와 '소통' 향상

3) 수행 과정 목표

〈표 4〉 팀과 개인의 경기 목표 예

나의 시즌 목표는 **최강 수비수!** ———————— 1) **최종 목표**

주전 확보를 위해서는 최소한

내 마크맨 볼 터치　　내 마크맨의　　몸싸움에서　　　　2) **동작 수행 목표**
5회 이내로 막자.　　실수를 유도하자.　밀리지 않는다.

목표	내용
	상대 공격수 움직임을 읽으면서 경기에 집중한다.
	골키퍼 메시지를 적극적으로 수용한다.
	나를 의식하게 만든다.
	강력한 체력으로 생각할 시간을 주지 않는다.
	강한 힘을 키우기 위한 트레이닝을 한다.
	힘에 밀려 공을 뺏기지는 않는다.

3) **수행 과정 목표**

나의 시즌 목표는 **원정에서 승점 1점!!** —————— **1) 최종 목표**

4강에 진출하기 위해서는 최소한

태클 시도↑　　　　패스 성공률↑　　　　볼 점유율 ┐
　　　　　　　　　　　　　　　　　　　　　　　　│ **2) 동작 수행 목표**
　　　　　　　　　　　　　　　　　　　　　　　　┘

목표	내용
	볼을 지연시키는 훈련을 한다.
	연습 경기에서 실전처럼 시도한다.
	여유를 가지고 시야를 확보한다. 소통하고 자신을 믿는다.
	서로 믿고 격려의 메시지를 전달한다.
	부담감을 버리고 쉽게 공을 터치한다.
	골키퍼부터 최전방 공격수까지 소통을 시도한다.

3) 수행 과정 목표

3) 최고의 운동 수행을 위한 일지

수행 과정 목표를 이루어 가기 위해 자신이 직접 체크해야 할 사항을 구체적으로 작성하는 과정이 필요하다. 우수한 선수들이 경기가 끝나고 일기를 쓰는 습관이 있지만, 모든 선수가 글을 쓰는 것을 즐기는 것도 아니고 모두가 꼼꼼히 그날의 경기를 나열할 수 있는 재주가 있는 것도 아니다. 따라서 다음과 같은 간단한 체크 파일을 꼭 만들어 두는 것이 그날의 경기를 돌아보는 좋은 방법이 될 수 있다.

〈표 5〉 최고의 운동 수행을 위한 일지(예)

항목		오늘의 점수	평소 점수	최고 점수
체력	반복 달리기			
	90분간 체력			
	힘			
	유연성			
기술	볼 터치			
	패싱 성공률			
	유효 슈팅 수			
	경기를 보는 시야			
	드리블 및 돌파			
	상대방 압박하기			

심리	경기를 뛰고 싶은 의욕		
	부담감 이기기		
	자신에 대한 믿음		
	90분간 집중력		
	이기겠다는 의지		
	다른 선수들에 대한 믿음		
일상 생활	영양 섭취		
	준비 운동과 회복 훈련의 충실도		
	일상생활의 스트레스		
	가족과의 관계		

3. 역할과 정체성

개인과 팀의 목표가 정해지고 이 두 가지의 조화를 생각한다면 팀으로부터 개인의 구체적인 역할이 주어져야 한다. 또한 이 역할을 통해 개인이 자신의 정체성을 세울 수 있을 것이다.

1) 팀에서의 개인 역할

선수와 팀의 목표 설정이 정리되었다면 서로의 적절한 조화가 필요하다. 지도자가 우리 팀에서 필요한 전략적 '무기'를 준비하기 위해서 선수와 면담을 통해 역할을 전달하는 과정이 일반적이다. 축구와 같은 단체 경기는 개인 자신이 가지고 있는 역할 이외에 서로가 유기적으로 만들어 내는 플러스알파가 반드시 더해져야 한다. 그 플러스알파를 위해서는 다음과 같은 사항을 알고 있어야 한다.

- 자신의 임무가 팀에게 어떤 도움이 되는지를 명확히 알고 있어야 한다.
- 다른 선수의 곁에서 혹은 같이 플레이하면서 또 하나의 단위가 되어야 한다. 즉, 수비 개개인으로서 공격 선수를 마크해야 하지만 수비 라인이 올라 옮으로써 전반적으로 팀이 상대편 필드에 더 많이 분포하게 만들고 적은 활동량으로 볼의 점유율을 높일 수 있다.
- 작전을 완벽히 이해하고 있어야 개인이 경기에서 어떻게 행동해야 하는지를 알 수 있다.
- 지도자 전술이 실제로 경기에 이길 수 있다는 확신을 가져야 하지만, 확신이 들지 않으면 이해가 가도록 서로 의견을 교환해야 한다.

특히 지도자가 효과적으로 전술을 설명하고 선수는 완벽하게 전술을 이해하기 위해서는, 감독이 선수를 존중하고 선수는 감독의 작전을 충분히 이해하고 있어야 한다. 아무리 좋은 작전도 선수가 이해하지 못한다면 그것은 잘못된 작전이고, 이 잘못된 작전을 가지고는 선수가 자신의 역할을 알지 못한다. 우리는 흔히 프로 축구에서 훌륭한 아마추어 경력을 가진 선수들이 특별한 이유 없이 자신의 기량을 발휘하지 못하고 사그라지는 것을 보았다. 그러다가 다른 감독이나 코치를 만남으로써 만개하는 선수들도 보았다. 이는 소위 '코드가 맞는다'로 표현되는데, 이런 코드를 맞추기에는 너무나 많은 희생자가 나온다. 따라서 코드가 맞는 선수나 지도자를 찾는 것보다는 대화를 통해 서로를 개방함으로써 코드를 맞추어가는 것이 더욱 빠르고 희생을 줄이는 길이 될 수 있다.

2) 군인인가 예술가인가

임무와 상황, 그리고 반드시 이겨야 하는 상황은 전쟁터와 비슷하고 그 전쟁 터의 군인과 운동선수는 같은 정체성을 가질 수 있다. 만약 같은 정체성을 가진 운동선수는 훌륭한 운동선수가 아니다. 축구 선수는 맹목적 군인이 아니고 예술가이어야 한다. 이는 유소년 시절부터 축구를 즐기는 선진국에서 선수들을 한 자리에 국한시키지 않고 멀티 플레이어로 추구하려는 이유와도 일치한다. 2002년 한일 월드컵을 통해 우리는 한 선수가 여러 자리를 경험하며 그 자리의 역할을 몸소 체험해 보는 것이 팀 전체의 운영에 얼마나 큰 영향을 미치는가를 경험하고 그 결과를 눈으로 확인한 바 있다.

- 군인 타입: 육체적으로 강건하고, 자기가 살기 위해 무조건 죽이고 방어한다.
- 군인-예술가 타입: 군인의 시야와 기술을 가지지만 가끔 융통성을 발휘하곤 한다.
- 예술가-군인 타입: 예술가의 시야와 기술을 가지지만 가끔 고지식한 볼 처리를 보여 준다.
- 예술가 타입: 고도의 기술과 명석한 판단력, 위기에서도 흔들리지 않는 결정력을 보여 준다.

때로는 군인 타입을 원하는 감독이나 코치들이 있다. 또한 그런 감독을 원하는 학부모 혹은 선수들도 많이 있다. 소위 아무 생각 없이 운동장을 뛰어다니기만 하면 된다. 많은 생각과 감정을 가지고 있는 청소년 선수를 정신력 강화를 위해 군대 훈련을 시키면 어떻게 되겠는가? 이미 그 결과를 우리는 많이 보아 왔다. 우리는 뻥 축구를 하며 뛰어다니는 로봇과 같은 선수들의 경기를 보며 생각 없는 경기를 통해 형편없는 성적을 거두었다고 많은 비난을 하였다.

3) 선수가 자신의 역할을 알게 만드는 코칭 방법

현대 축구에서 유명한 프로 축구팀의 감독이나 코치의 몸값이 웬만한 스트라이커의 몸값보다도 비싼 것을 보면 그들의 중요성을 달리 설명하지 않아도 그 영향력이 얼마나 큰지 알 수 있다. 여기 그들이 사용하는 선수 육성법이 소개될 것이다.

① 임무를 직접 가르쳐 주는 것이 가장 빠르고 좋은 방법이다

"팀의 이러저러한 목표를 위해서 네가 해야 할 임무는 이것이다."라고 말해 주는 것이 가장 알기 쉬운 방법이다. 경기가 끝나고 '이렇게 했어야지' '저렇게 했어야지' 하고 지적하는 것보다는 경기 전에 임무를 부여하고, 경기가 끝난 후에는 그 부여한 임무에 대해서 종합 평가 점수를 내려 주는 것이 진정한 평가다. '수많은 경기 상황을 어떻게 다 지정해 줄 수 있는가?'라고 반문할 수 있지만 그것은 오해다. 오른쪽 풀백이 오늘 전반적인 전술에서 수비에서 70% 공격에서 30%의 자기 힘을 소모하게 만드는 것을 거시적으로 지시하고 나머지는 선수가 그 퍼센티지를 스스로 조절하게 만드는 것이 진정으로 자신의 역할을 알게 만드는 것이다. 경기 전에는 아무런 이야기가 없다가 혹은 경기 전과 경기 후에 다른 이야기를 하는 감독이나 코치는 경기 전 상대편에 대한 대책이나 자신의 팀에 대한 준비를 하지 않은 것이다.

② 선수를 정확히 평가해야 한다

선수의 정신적, 신체적, 체력적 평가가 정확히 되어야 선수에게 적절한 임무를 부여할 수 있다. 이때 반드시 공격 혹은 수비 코치, 트레이너 코치의 의견이 반영되어야 한다. 선수는 출전 욕심 혹은 두려움 때문에 자신의 신체 상황을 남에게 자세히 말하지 않는다. 심지어는 자기 자신을 속이는 상황도 있다. 따라서 이들의 몸 상태를 가까이에서 가장 잘 관찰할 수 있는 사람의 조언이 꼭 필요하다.

③ 맡길 임무에 맞는 훈련을 시키라

일반적으로 시행되는 팀 훈련 이외에, 선수 개개인에게 적합한 훈련이 따로 시행이 되어야 한다. 이것이야말로 앞으로 있을 경기에 대한 준비이다. 이전 경기에서 슈팅의 정확성이 떨어졌기 때문에 시합이 끝나고 슈팅 연습을 주로 하고 패스 실수가 많았기 때문에 패스 연습을 시키면 그것은 단순히 학원 스포츠 수준에 머물고 마는 것이다. 상대 팀을 분석하였으면 그 팀을 이길 전략을 세우고 전술에 맞는 훈련을 따로 시켜 주는 것이 필요하다. 축구는 물론 생각을 해야 하는 운동이지만 생각이 몸을 거쳐서 나타나게 되어 있고, 운동량이 많아지고 심박수가 증가하게 되면 생각하는 플레이보다는 반사적 행동이 더욱 많이 나오게 되어 있다. 따라서 맡길 임무에 맞는 훈련은 바로 이 반사적 행동을 한 번 더 나오게끔 만들어 줄 수 있다.

④ 선수들에게 성공을 자주 맛보게 하라

작은 성공부터 선수들에게 맛을 들이도록 해야 한다. 연습 때 설정한 아주 작은 성공의 목표부터 맛보게 하는 것은 좋은 방법 중 하나이다. 어찌 보면 미니 경기장 연습은 체력적 향상의 목표도 있지만 작은 목표를 자주 시도해서 더 많은 성공을 맛보게 할 수 있는 방법이기도 하다.

⑤ 평가를 할 때는 주의 깊게 한다

현장에서 선수들의 실수를 줄이게 하기 위해 지적할 때는 긍정적인 내용을 위주로 하며, 선수가 뭔가를 배웠다는 느낌이 들게 진행이 되어야 한다. 특히 프로 스포츠에서 선수나 감독, 코치가 서로 사제의 관계일 수도 있지만 동등한 직업인이라는 생각을 잊어서는 안 된다. 선수는 감독이 내리는 전술을 자기 임무에 맡게 행동하는 것이고, 감독은 그 전술을 만드는 임무가 있다. 자신의 전술 과정에서 선수들이 자주 혹은 유사한 실수가 반복된다면 적절한 전술 전략인지에 대한 평가를 해 볼 필요성이 있다. 선수에 대한 평가를 할 때 결과에 대한 피드백보다는 과정에 대한 피드백이 중요하다. 경기 중에서 느끼고 생각하고 결정하고 움직이는 모든 과정 안에서 선수들은 결과보다 과정에 더 많은 에너지를 사용하고 있기 때문이다.

⑥ 선수가 후회할 행동을 하였으면 그것을 적극 이용하라

선수가 경기 중에 후회할 행동을 하였다면 그것을 현장에서 화를 내 버리며 지적해 버리면 그것으로 끝이다. 때로는 감정의 골을 깊게 만들 수도 있다. 하지만 후에 그것을 이용하여 훈련을 더 효과적으로 할 수 있는 재료로 사용한다면 큰 교훈을 줄 수 있다. 단, 선수에게 모욕감이나 감정을 상하게 하는 언어 표현이나 놀림은 피해야 한다.

⑦ 선수들에게 주인 의식을 갖게 하라

팀 전술을 세울 때, 혹은 개인 기술을 향상할 때, 시작부터 선수와 코치가 같이한다면 선수는 자기 팀, 자기 자신의 발전에 주인 의식을 가질 수 있을 것이다. 경기 시작 전, 팀 전술 회의에 가 보면 거의 모두가 일방적이다. 감독이나 코치가 주문한 작전을 일방적으로 주입한다. 그렇다고 경기 전에 그것을 회의하며 작전을 구상해 보는 코치진은 거의 없다. 따라서 경기 직전에 작전 회의뿐만 아니라 연습 때 갖는 작전 회의는 선수들과 코치진의 대화를 늘릴 수 있는 좋은 방법일 수 있다.

⑧ 가장 효과적인 훈련 모델을 사용하라

선수는 자기 자신의 경우를 예를 들면 전술을 가장 잘 이해할 수 있다. 따라서 작전 지시 중 선수의 이름을 부르면서 직접 예를 들어 내리는 지시가 가장 효과적일 수 있다.

⑨ 보상이 주어져야 한다

선수가 옳은 일을 했거나, 주어진 임무를 성실히 수행하였다면 즉각적 보상이 있어야 한다. 이것은 선수들이 좋은 버릇을 가지게 하는 좋은 방법 중 하나이다. 보상이라 함은 당연히 비난보다는 칭찬일 것이다. 따라서 즉각적 보상을 염두에 두고 있는 감독이나 코치는 칭찬을 많이 하게 되고 칭찬을 받게 된 선수는 즉각적 보상이 갖는 많은 장점을 누리게 될 것이다.

⑩ 선수의 발전 사항을 항상 평가해야 한다

코치뿐만 아니고 선수 자신도 자신의 발전 사항을 항시 점검해야 한다. 그 중 객관적인 통계 자료, 선수 혹은 코치가 작성한 주관적 리포트, 비디오 복습, 외부의 평가 등을 이용하여 할 수 있다. 이것은 나중에 선수가 자신의 부상 회복이나 은퇴의 시기를 선택할 때 좋은 참고 자료가 된다.

4) 지도자의 선수와 팀 알기

예전 저자가 분석했던 한 팀의 예이다. 감독은 탄탄한 수비를 바탕으로 빠른 역공을 통한 전술로 프로 축구에서 중하위권 정도의 성적을 거두는 상황이었다. 하지만 이길 수 있는 경기에서 주로 후반 40분 이후에 실점을 하여 몇 번의 승점을 놓치는 경우가 많이 있었다. 비교적 풍족하지 못한 팀의 지원으로 우수한 신인 선수의 보충이나 용병의 선택, 트레이드의 폭은 좁았다. 많은 전문가나 언론은 팀의 노쇠화에 대해 지적을 하였다. 코치진은 공격수부터 전방에서 압박하며 수비진은 오버래핑을 자제하고 자신의 자리를 지키는 5-4-1 형태의 진형을 주로 사용하였다.

　저자는 공격수, 미드필더, 수비수 이런 세 그룹으로 선수들을 나누고 기질 특성 검사와 인지 기능 검사 그리고 개인적 면담에 의해 팀을 분석하였다. 결과는 놀랍게도 누구나 알고 있는 팀의 노쇠화에 따른 체력적 문제가 아니었다. 성향상 수비의 핵심적 선수는 오버래핑을 통한 공격을 시도함으로써 경기 전반에 있어서 자신의 집중력을 조율하고 싶었고 공격수는 사이드 어택을 통한 과감한 돌파로 자신의 특기를 발휘하고 싶어 했다. 하지만 수비에 가담해야만 하는 공격수는 골에 집중하지 못했고, 오히려 수비 가담이 좋은 미드필더가 최전방 공격에 나서기 때문에 골 결정력은 더욱 떨어지게 되었다. 또한 자신의 자리를 지키던 수비수들은 후반 끝까지 자리를 지키다가도 공격에 나서 비워진 미드필더를 보고 본능적으로 그곳을 메우기 위해 올라오다가 골을 허용하는 현실이었다. 저자는 이 결과를 감독 및 코치진에게 통보하였고, 개방적인 감독은 이를 받아들여 다음 시즌 자신의 전술에 이를 감안한 전략을 세웠다. 팀은 비록 리그 최상위권으로 올라가지는 못했으나 중상위권으로 도약했으며 적은 실점률과 높아진 득점률을 보이게 되었다. 무엇보다도 선수들이 경기를 즐기면서 하게 되었다는 점이 주목할 만한 일이다.

4. 자신감의 게임

　축구는 한마디로 자신감의 게임이라 할 수 있다. 즉, 자기 자신에게 확신이 있어야 하고 팀 동료에 대한 확신이 있어야 하며 코칭 스태프와 프런트와 어우러져, 팀 전체에 대한 확신이 있어야 한다. 확신을 가지기 위한 가장 좋은 방법은 긍정적 생각을 하는 것이다. 하지만 현실적 증거가 바탕이 되지 않는 자신감은 자만감에 지나지 않기 때문에 자신감의 바탕이 되는 긍정적 사고를 가지기 위한 치밀한 준비가 있어야 한다. 그 준비를 위한 항목들은 다음과 같다.

1) 개인화 항목

선수는 자신감을 가질 수 있는 자신만의 방법을 만들어야 한다. 다음의 내용들은 그런 방법들을 도와줄 수 있는 예이다.

- 최고의 운동 수행을 위한 일지를 항상 체크하며 객관적인 목표를 성취해 나간다.
- 항상 보이는 곳에 용기를 북돋울 수 있는 자신의 글을 붙여 두고 자주 쳐다본다.
- 자신을 편안하게 만드는 문구를 발견하면 그것을 반복하고 시합 전에 꼭 한 번 반복하고 출정한다. 꼭 문장이 아니어도 된다. 애인의 사진이나 부모, 아내, 아이들의 사진이어도 상관없다.
- 긍정적 사고를 발전시키는 새로운 멘트를 발견하고 그것을 찾으려고 노력한다. 자신에게 추억이 있는 가요나 영화 혹은 드라마의 대사도 좋다.
- 긍정적 사고를 가졌다고 생각을 해도 긍정적 사고의 멘트는 계속 반복하여야 한다.

2) 자신에게 용기를 북돋울 수 있는 멘트의 예

때로는 조금 유치하다 생각이 들더라도 다음과 같은 몇 가지 짧은 문구는 가지고 있어야 한다. 또한 이 문구들은 그냥 가지고 있는 것으로 끝나는 것이 아니라 연습 경기나 작은 경기 때 사용하여 부담이 가거나 중요한 경기에서 자신에게 이용할 수 있어야 한다. 그리하여 마치 내 마음속에 녹음기가 달려 있는 것처럼 내가 눈을 뜨면 돌아가고 반복해서 듣는 음악처럼 익숙해져야 한다.

〈표 6〉 자신에게 용기를 북돋울 수 있는 멘트(예)

1. 내 훈련은 항상 최고의 강도와 집중력으로 이루어진다.

2. 시합 당일 내 컨디션은 최고다.

3. 시즌 때 나는 매일 내 기량을 향상한다.

4. 경기를 읽는 내 시야는 항상 나를 실망시키지 않는다.

5. 내가 아는 어떤 다른 선수보다 나는 강하고 빠르다.

6. 부담이 큰 경기 때 감독님은 항상 나를 믿는다.

7. 내 체력 훈련은 최고다.

8. 내가 태클을 할 때는 100% 정확한 시기와 힘으로 시행한다.

3) 자신감에 차 있는 선수의 특징

자만한 선수와 자신감이 있는 선수는 확실히 다르다. 자만심은 자신감 없음을 더욱 과장하여 표현하는 부정적인 생각이나 행동의 반동적 모습이고 자신감은 긍정적 생각의 모습이다. 다음 표에 그 차이점이 구분되어 기술되어 있다.

〈표 7〉 자신감과 자만감의 차이

내용	자신감	자만감
자신을 믿는다(할 수 있다는 태도).	현실적 자기 능력에 바탕을 둔 믿음	현실이 아닌 과거나 미래에 바탕을 둔 믿음
긍정적인 면을 보여 준다(항상 밝은 모습을 보인다).	잘하는 부분을 이용하여 못하는 부분을 보상하려 한다.	못하는 부분은 인정하지 않고 잘하는 부분만 본다.

경쟁을 즐기고 항상 여유의 미소를 띤다.	경쟁자의 실력을 인정하고 그의 장점을 배우려 노력한다.	경쟁자를 인정하지 않고 승패의 이유를 다른 환경적 이유에서 찾으려 한다.
실패나 결과에 미리 겁먹고 걱정하지 않는다.	이전의 실패나 결과를 분석한다.	이전의 실패나 결과는 나로 인한 것이 아니라고 합리화한다.
다른 사람을 비난하기보다는 자신을 분석하기를 즐긴다.	자신의 좋은 점과 나쁜 점을 모두 분석할 수 있다.	다른 사람에게는 엄격한 기준으로, 나에게는 관대한 기준으로 분석한다.
침착하며, 흥분하였다가도 금방 자기 조절을 할 수 있다.	흥분했을 때, 자신의 과오와 환경적 과오를 한꺼번에 생각할 수 있다.	흥분했을 때, 자신의 과오는 무시하고 환경적 과오만을 찾는다.
힘을 내기 위해 자기 자신이나 다른 사람의 흥을 돋울 줄 안다.	동료를 믿고 함께할 줄 안다.	동료를 이용하려 한다.
연습 때나 시합 때 집중을 잘한다.	효과적인 운동을 항상 생각하고 있다.	기계적이고 맹목적인 운동을 하려고 한다.
다른 사람에게 스트레스를 주지 않는다.	자신의 스트레스를 다룰 줄 안다.	자신의 스트레스를 다른 사람을 통해 풀려고 하는 의존적인 사람이다.

4) 코칭 방법은 선수들의 자신감을 더욱 향상한다

- 배우는 것을 즐겁게 그리고 도전하게 만들라.
- 선수들을 존중하는 마음을 가져야 한다.
- 선수들의 이름을 모두 알고 있어야 하며 이름을 꼭 사용해야 한다.
- 선수들이 자신의 느낌을 표현하게 하고, 질문을 해야 하며, 선수의 문제를 함께 해결해야 한다.
- 인내심을 가지고 신인 선수들이 기를 펼 수 있는 시간과 공간을 제공해야

한다.
- 선수들이 잘한 것은 꼭 짚고 넘어가고 칭찬해야 한다.
- 칭찬하거나 야단치거나 지시를 내릴 때 모든 상황에서 이유와 미래를 제시해야 한다.

5. 정신 훈련과 시각화

시각화는 영어로는 visualization이라고 해서 스포츠심리에서 많이 사용되는 용어다. 이를 직역하면 시각화라는 말이 되지만 그 의미를 더하기 위해서는 현실화라고 하는 것이 더 좋을 수도 있다. 즉, 눈으로 보일 만큼 생각을 구체적으로 정리하라는 것이다. 막연히 '오늘 경기를 잘 해야 하는데.' '빨리 슬럼프에서 탈출해야 하는데.'라는 추상적 걱정이나 생각보다는 구체적인 생각을 체계적으로 표현하는 것이다. 이것은 단계적 목표를 잡는 일과 함께 가장 현실적이고 구체적인 방법을 스스로에게 제시하는 방법이다.

1) 시각화의 연습 방법

- 자신이 놓이고 싶은 특정 상황을 규정한다.
- 그 상황을 자세하게 묘사한다(예: 날씨, 위기 상황, 원정 경기 관중의 야유, 리그에서 현재 놓인 팀의 순위 등).
- 그것을 자신이 어떻게 느끼기를 원하는지, 어떻게 생각하기를 원하는지, 그 상황에서 자신이 어떻게 운동을 할지 상상하라.
- 성공적으로 위기를 극복하는 상황을 상상하라. 그리고 그때의 기분이나 생각을 묘사하라.

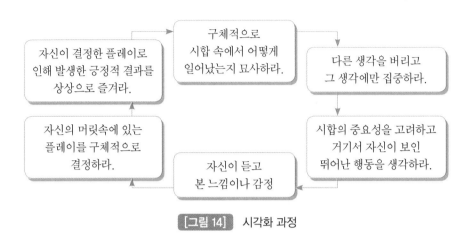

[그림 14] 시각화 과정

〈표 8〉 시각화의 예

항목	예
특정 기술을 마음속에서 연습한다.	크루이프 턴 하는 장면을 지속적으로 떠올린다. 발등으로 볼을 휘감아 차는 장면을 떠올린다
자신감이나 긍정적 생각을 향상한다.	자신이 잘했던 장면을 계속 떠올린다. 특정 상대에게 특히 잘했던 장면을 떠올린다.
작전이나 문제 해결 방안을 계속 떠올린다.	프리킥 때 세트 플레이를 계속 떠올린다. 상대 수비를 어떻게 무너뜨릴지 상상한다.
시합 전 불안을 조절한다.	자신이 잘했던 장면을 떠올리고 긍정적으로 생각한다. 과거 일어났던 불행한 장면을 앞으로 일어날 긍정적인 장면으로 바꾸어 상상한다.
시합을 복습하고 분석한다.	시합을 분석하면서 동료의 잘된 점과 잘못된 점을 서로 분석해 준다.
시합 준비를 한다.	경기할 시합장에 최고의 컨디션과 최고의 상황으로 자신이 뛰고 있는 모습을 상상하고 거기에 몰입시켜라.
흔히 일어나는 장면을 상상한다.	페널티킥 혹은 프리킥 때 일어날 장면 중 긍정적인 장면을 상상한다. '공이 오른쪽 상단 구석으로 감겨져 들어간다…….'
부상 중에도 경기에 참여하는 자세를 가져야 한다.	부상 중 벤치에 앉아 있다 하더라도 자신이 경기에 뛰고 있듯이 계속 상상하며 경기를 관전해야 한다.

2) 시각화를 통한 경기력의 향상

① 새로운 기술을 배우고 연습하는 데 도움이 된다
새로운 기술을 연마하는 자신의 모습을 마치 비디오를 찍듯이 머릿속에 상상하며 연습을 해야 한다.

② 작전과 전술을 이해하라
머릿속에 자신의 움직임뿐만 아니라 팀 동료, 상대편의 움직임을 상상하며 감독의 작전을 추정해 나가는 것이다. 머릿속에 떠오르지 않으면 펜과 종이를 가지고 직접 그리며 암기하는 것도 좋은 방법이다. 펜으로 그려지지 않는다면 그것은 자신이 작전을 이해하지 못하고 있는 것이다.

③ 일어날 상황을 미리 준비하라
이것은 정신적 준비라는 말과 같은 말이다. 마치 바둑을 두듯이 마음속으로 게임을 여러 번 해 보는 상황과 동일하게 되기 때문에 정작 시합에서 당황하거나 불안해하는 일이 줄어들게 된다.

④ 수행 동작을 미리 해 본다
페널티킥, 코너킥, 프리킥 등 시합 때 발생할 수 있는 세트 플레이 상황을 미리 가상으로 그려 본다.

⑤ 스트레스를 조절하라
큰 경기일수록 스트레스는 커지게 되어 있다. 그럴 때 감독, 코치, 스포츠심리사 등의 도움을 받을 수도 있고 스스로 다음의 질문을 던져 답을 구하는 것도 한 방법일 수 있다. 지금 생각하고 있는 최악의 상황이 발생하면 어떻게 되나? 그때 어떻게 느낄 것인가? 그러고 나서 나는 어떻게 할 것인가? 그렇게 될 확률이 얼마나 있는가?

⑥ 자신감을 완성하라

자기가 연습한 항목이 이번 경기에서 자신에게 얼마나 큰 성공을 가져다 줄 수 있는가를 생각하면 할수록 더 많은 승리가 자신에게 따라온다. 과거 자신이 잘 못한 경기를 분석하고 그 경기에서 안 된 것이 있다면 그 부분을 연습하라.

⑦ 체력을 안배하라

90분 내내 뛰어다닐 수는 없는 노릇이다. 따라서 언제 자신이 최고의 스테미나를 발휘하고 언제 쉬어야 하는지에 대한 계획이 머릿속에 있어야 하며, 이것은 경기를 미리 경험해 보는 시각화를 통해서 가능하다.

3) 시합 전의 시각화

시합 전에 위대한 선수의 플레이를 비디오나 사진으로 보고 자신이 그렇게 한다는 자기 암시를 스스로에게 한다. 사진이나 비디오에 의해 전달된 메시지는 뇌의 운동 영역에서 큰 암시적 기억으로 작용하여 운동 능력에 좋은 영향을 미친다.

4) 시각화의 부작용

시각화의 가장 큰 부작용 중 하나는 선수가 정작 연습보다는 마음으로 자신을 합리화하는 장면들이 많아지는 것이다. 감독이나 코치들이 가장 싫어하는 선수 스타일 중 하나인 '말만 앞서는 선수'가 되는 것이다. 즉, 몸은 그렇게 하지 못하는데 자신의 머릿속에서는 이미 하고 있으니 더 이상의 연습을 할 의욕이 줄어드는 것이다. 상대편 빠른 측면 공격수를 잡기 위해 중앙 수비수는 커버 플레이를 해야 한다. 시각화의 부작용은 '풀백이 나가니까 내가 그리로 가면 된다'고 상상만 하는 것이다. 시각화를 통한 훈련은 커버 플레이를 위해 뒤돌아 달리는 훈련을 한다든지, 지구력과 스피드를 늘리는 훈련을 하는 것이다.

6. 초점과 집중

　경기 초반 산만한 분위기로 인해 집중력이 떨어지면서 실점을 하는 경기를 경험해 보았을 것이다. 반면, 후반 체력 소모가 많아지면서 집중력 저하로 실점하는 경우도 있을 것이다. 이러한 결과를 놓고 어떻게 집중하고 유지하는지에 대한 구체적인 방법을 논의한 적은 많지 않을 것이라 생각된다. 이번 장에서는 경기 초반 집중력의 시작부터 유지, 마무리까지의 구체적인 과정을 나타내고자 한다. 90분 경기 동안 다음과 같은 항목에 스스로 평가를 해야 한다.

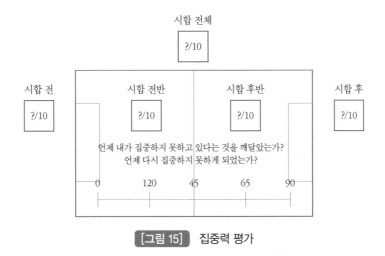

[그림 15]　집중력 평가

1) 무엇에 집중을 할까

① 넓은 범위 외부 집중: 경기장 둘러보기

외부적인 환경에 집중하는 것은 선수에게 많은 정보를 제공할 것이다.

경기장에 부는 바람의 세기와 방향은 공이 나아가는 방향과 정확도에 영향을 끼칠 것이다. 비단 바람뿐만이 아니라, 햇볕의 강도, 야간/주간 경기 등은 공과 운동화의 마찰력에 영향을 미칠 것이다. 따라서 연습 사항에서 이러한 외부 집중에 관한 훈련이 되어야 실전 경기에서 적용할 수 있다. 관중의 함성과 야유, 벤치의 요구, 상대편 선수의 반응 정도에 따라 이러한 집중력은 흔들릴 가능성이 높다.

② 좁은 범위 외부 집중: 목표 정하기

좁은 범위란, 아주 짧은 시간에 알아차릴 수 있는 단서들을 의미한다.

한 예로 프리킥 찬스에서 상대 골키퍼의 시야 방향이 골대 측면의 방어를 준비한다면 정작 골대 안쪽을 집중적으로 방어하는 버릇을 발견할 수 있을 것이다. 그렇다면 다음번 프리킥 시에는 골키퍼가 어느 쪽을 쳐다보는지 확인한 후 바깥쪽으로 프리킥을 한다면 골의 성공률은 더욱 높아질 것이다. 사람의 버릇은 가장 긴장한 순간에 더욱 전형적으로 보이는 것이다. 따라서 이것을 잘 이용한다면 골의 결정력을 더욱 높일 수 있다.

③ 내부 집중: 자신의 생각과 느낌에 동참하기

자신의 생각과 느낌에 동참하기 위해서는 시각화, 자신감의 단어 반복하기, 자신의 신체에 집중하기 등의 세부 사항들을 충실히 시행해야 한다.

2) 집중은 '현재 상황'에 해야 한다

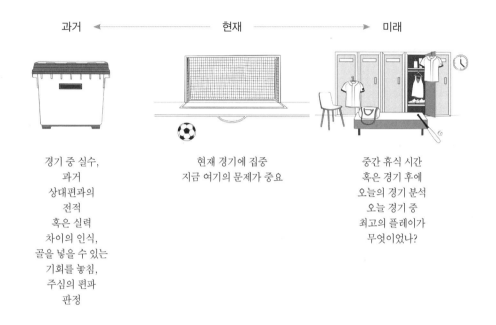

과거	현재	미래

경기 중 실수,
과거
상대편과의
전적
혹은 실력
차이의 인식,
골을 넣을 수 있는
기회를 놓침,
주심의 편파
판정

현재 경기에 집중
지금 여기의 문제가 중요

중간 휴식 시간
혹은 경기 후에
오늘의 경기 분석
오늘 경기 중
최고의 플레이가
무엇이었나?

3) 경기 중 실수 재활용 통을 이용하는 예

• 실수한 수비수는 자신의 실수를 공 속에 담아서 멀리 차 버린다.
• 전광판에 '다시는 그런 실수를 안 한다.'라는 문구를 상상으로 써서 크게 한 번 읽어 보고 다시 경기에 임한다.
• 경기 재활용 통에 잠시 넣어두고서 경기가 끝나고 나면 다시 꺼내서 볼 생각을 한다.
• 골키퍼들은 자신들의 버릇이 다른 선수들에게 읽힐 수 있기 때문에 경기가 끝나고 나면 비디오 분석을 통해서 자신의 실수를 분석해 본다.

실수는 쓰레기와 같이 항상 발생하기 마련이며 그것은 재활용해서 사용할 수 있는 것도 있고 그냥 소각해 버려야 할 것도 있다.

4) 집중하는 방법: 무슨 생각을 해야만 하는지 우선 따져보아야 한다

- 시합 중 자신의 집중력이 상실되는 일정한 시간이 있는가?
- 집중을 유지하기 어려운 상황이 있는가?(예: 원정 경기, 특별한 구장, 특정 심판 등)
- 시합 중에 진짜로 집중력이 필요하다고 생각하는 순간은 언제인가?
- 시합 전에 어떤 준비를 하는 것이 경기 중 자신의 집중을 가장 높일 수 있는가?
- 경기 중 집중력을 높이기 위해서 경기 전에 어떤 준비를 했는가?

5) 집중력과 책임감

경기 중 집중력의 상실은 곧 실점과 득점 기회의 상실이라는 경기 승패와 직접적 관계가 있다. 따라서 책임감과 관련된 집중력을 나누어 공간적 집중력을 나눌 수 있다.

- 우선적 책임감: 한 선수의 행동이 경기 전체에 중요한 영향을 미치는 영역에서 하는 플레이로, 이 행동에 대해서는 그 선수가 직접적 책임을 져야 한다. 따라서 이 순간, 이 지역에서는 반드시 집중하고 있어야 한다.
- 지지적 책임감: 한 선수의 행동이 경기에 부가적인 도움을 줄 수 있는 영역에서 하는 플레이로, 이 지역에서는 다소 긴장을 풀고 있을 수 있다.

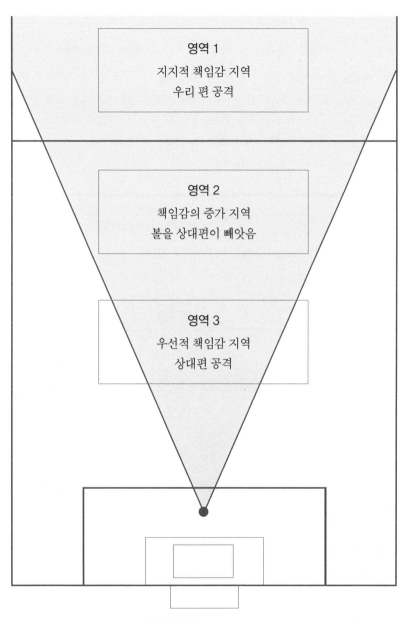

[그림 16]   집중력 구역

〈표 9〉 집중력 키우기와 발휘하기

평소 집중력 키우기	시합 중 집중력 발휘하기
자신의 스타일을 알아야 한다. 혼자 있는 것이 좋은가? 다른 사람과 대화를 통해서 가능한가? 음악을 들어야 좋은가? 누워 있는 것이 좋은가, 앉아 있는 것이 좋은가?	**불안 조절** 호흡 조절, 몸의 긴장 풀기, 긍정적인 자기 말을 지껄이기, 자신의 목표를 되새기고, 두려움을 떨쳐 내자.
집중력 영역이 필요하다. 항상 집중하며 살 수는 없다. 경기장 정문을 들어서면서 집중을 시작하거나, 그라운드의 둥근 원 안으로 들어가면서 시작한다거나, 자신만의 영역이 있어야 한다.	큰 경기일수록 **자신만의 일정한 의식**을 거행하는 것이 좋다.
목표를 세워야 한다. 우선 순위가 있어야 한다. 산만한 것들은 제외해야 한다. 훈련과 강도 조절이 반복되어야 한다.	**운동 수행의 단서를 이용하자.** 연습 때 만들어 놓은 목표에 따라 한 단어면 떠오를 수 있는 단서들을 만들어 놓고 시합 때는 이것을 이용해야 한다.
이완하여 힘을 보충해야 한다.	**지금**에 집중해야 한다.
무엇에 집중할지 준비하고 있어야 한다. 경기장에서 자신의 임무를 알아야 한다. 팀 전술에 따른 자기 포지션의 역할을 이해하고 있어야 한다. 상대편의 강점과 단점을 알고 있어야 한다 연습이 체계적이어야 한다. 게임에 계획이 있어야 한다.	**시간별로 집중할 것을 정해 놓아야 한다.** 원정 경기 때는 시합 시작 5분에 주의한다. 프리킥 때 위험 지역에 주의 골을 넣고 난 이후에 조심 마크맨이 바뀌었을 때 주의 마지막 5분에 주의 처음 코너킥 때 득점
자신의 각성 상태를 조절할 수 있어야 한다.	

6) 코치 감독이 선수들의 집중을 돕는 방법

(1) 신체적 훈련을 왜 하는가

대부분의 선수는 힘을 키우기 위해서 혹은 체력 향상을 위해서라는 이유를 중심으로 다양한 반응이 나타날 것이다. 하지만 무엇보다도 신체적 훈련이 중요한 이유는 경기 중 피로에 의해 발생하는 부주의를 예방할 수 있다는 것이다. 개인을 위한 시즌 준비도 중요하지만, 장기간 시즌을 치르면서 팀을 위한 훈련 방향 설정이 중요하다. 바로 이 부분을 감독과 코치는 선수들에게 확신을 주어야 한다. 국가 대표 축구 선수 숙소에 '술과 담배를 하지 않는다.'라는 표어와 같은 문구는 선수들에게 각성보다는 반발감을 무의식적으로 불러일으킨다. 국가 대표 선수가 술과 담배를 하지 말아야 하는 것은 국가 대표가 되었기 때문이 아니고 그것들을 하면서 자신의 신체적 조건이나 폐활량, 심장 박동이 다른 선수들을 능가할 수 없기 때문이다. 즉, 남들보다 뛰어난 국가 대표가 되기 위해서는 신체적으로라도 뛰어나야 한다는 것이다.

(2) 선수 개개인의 개성을 존중하여 거기에 맞는 집중 임무를 부과해야 한다

지도자는 소속 팀원의 개개인별 특성을 인지하고 있어야 한다. 특성을 아는 것은 각 선수의 장점을 먼저 아는 것이 중요하다. 팀의 적합한 전력을 갖추기 위해서는 우선적으로 선수들의 장점을 파악한 후, 장점을 조합하여 전략적인 접근을 시도하는 것이 중요하다. 만약 선수들의 단점을 중심으로 파악하게 된다면, 장기적인 관점에서 팀 전체의 전술에서 혼란스러움을 경험할 수도 있을 것이다. 어떤 선수는 이런 단점이 있어서 이것이 안 되고, 저런 약점이 있어서 저것이 안 되면 결국 시합 전에 감독이나 코치는 무엇은 하지 않아야 한다는 지적밖에 못 하고 정작 작전 지시는 못 하게 된다. 공격수는 골을 넣어야 하고 수비수는 골을 막아야 하는 당연한 이야기는 작전이 아닌 감독이나 코치의 자기 불안 해소밖에 될 수 없다.

(3) 결과보다는 과정을 존중해야 한다

지도자는 시즌의 승수와 챔피언이 되기 위한 목표를 설정하게 된다. 그리고 그 목표를 중심으로 선수들과 상담을 하면서 개인 역할과 훈련 방법을 전달한다. 이 과정에서 선수들은 개인의 목표도 설정하게 되는데 대부분의 선수는 정량화된 숫자로 표기할 수 있는 목표를 설정한다. 즉, 결과 중심의 목표를 설정한다는 의미이다. 결과를 중심으로 목표를 세워 달성을 한다면 문제가 되지 않겠지만, 그렇지 않을 경우에는 부정적 피드백에서 빠져나오는 시간이 오래 걸리게 된다.

반면, 경기 내용에 대한 목표를 세운다면 팀에서 얻을 수 있는 피드백은 매우 다양해질 뿐만 아니라, 전체 팀 분위기 회복에도 많은 시간을 단축할 수 있다.

(4) 시합에 응용할 수 있는 연습과 가상을 설정해야 한다

지도자는 연습 과정에서 시합 중 일어날 수 있는 다양한 상황에 대처해야 한다. 현대 축구의 전략적 동향과 포메이션이 이에 해당될 수 있다. 좀 더 구체적인 부분을 다듬는 과정에서는 가상의 경기를 진행하는 것이다. 연습 경기 중 정해진 시간(예: 전반 30~35분/후반 20~25분)에 집중적으로 플레이를 유도해 보면, 선수들 개개인의 집중력 있는 모습을 쉽게 관찰할 수 있을 것이다.

(5) 비디오 분석

경기 후에 비디오 분석을 통하여 선수 개인이 언제 집중력을 잃었는지, 그 행동이 적절했는지에 대한 지적을 해 주어야 한다.

(6) 신인 선수들에게 하는 구체적인 지시

처음 경기에 나가는 선수에게는 언제 집중력을 발휘해야 하고 언제 조금 느슨하게 있어야 하는지에 대한 구체적인 지시가 선수들의 긴장을 풀어 주고 실수했을 때 죄책감을 줄여 줄 수 있다. 상당히 어려운 주문이지만 선수들은 이것을 카리스마라고 생각하고 초반 선수단을 통솔하는 데 큰 이득으로 작용할 것이다.

(7) 선수들의 집중력을 높일 수 있는 감독이나 코치 개인의 노하우를 제시한다

과거 많은 경험이 있는 감독과 코치들은 유사한 상황이라고 판단된다면, 적극적으로 경험담을 제시해야 한다. 여기서 중요한 부분은 일방적인 메시지 전달이 아닌 선수와의 상호보완적인 입장에서 상황을 전달해야 한다.

(8) 경기가 잘 풀리지 않을 때 집중력이 떨어지는 것을 방지한다

경기가 잘 풀리지 않을 때 선수들이 가장 먼저 쳐다보는 곳은 벤치이다. 또한 그 쳐다보는 이유는 무엇인가? 실마리를 달라는 내용보다는 '내가 뭐 잘못했나?' '나를 야단치나?' 하는 편집적 시각이 많다. 이것은 평소 연습 때부터 작용하는데, 경기가 풀리지 않으면 벤치에서는 비난보다는 뭔가 해결을 위한 방책이 나올 것이라는 벤치에 대한 긍정적 믿음이 있어야 하고, 이 믿음에 따라 자신이 어떻게 움직여야 한다는 생각이 머릿속 과정에 담겨 있어야 한다. 따라서 경기가 풀리지 않을 때 선수들이 발전적 방향의 사고를 자동적으로 떠오르게 만드는 평소 훈련은 집중력을 떨어지지 않게 만들 수 있는 가장 좋은 방법이다.

(9) 시합 전 불안의 관리

선수들 내면에서 발생하는 불안이나 부정적인 생각을 방지하기 위해 음악이나 비디오를 틀어 놓아서 집중할 수 있는 환경을 조성하는 것도 중요하다. 또한 선수들을 혼자 놓아두는 것을 너무 걱정하지 않아도 된다. 오히려 너무 간섭하는 것이 좋지 않을 때가 있다.

7) 긴장감 다루기

흔히 긴장감은 선수들이 자신의 실력을 다 발휘하지 못하게 하는 가장 고약한 요소로 알려져 있다. 하지만 경기에서 긴장감은 집중력과 연관되어 선수들의 운동 능력을 향상하는 요소로도 사용된다. 감독, 코치들은 많은 관중 앞에서 중요한 경기를 뛰는 신인 선수들에게 긴장감으로 인해 몸이 굳을까 봐 경기 중 긴장감을 풀라고 요구한다. 하지만 정작 선수는 그 말에 더욱 긴장하게 되거나 아니면 집중력을 잃을 정도까지 긴장감을 풀어서 다음 경기의 자신감까지 잃게 만드는 등 극단의 방향으로 흘러가는 경우가 대부분이다. 따라서 자신에게 최적화된 긴장감을 알고 그것을 유지하는 것이 선수들이 90분 간의 경기에서 자신의 능력을 최대한 발휘하게 만드는 조건이 될 것이다.

8) 긴장, 불안, 운동 능력의 입체 그래프

선수들은 스스로 자신의 그래프를 작성하고 자신에게 얼마만큼의 긴장감을 더하고, 줄여야 하는지를 스스로 알고 있어야 한다. 다음의 입체 그래프를 훈련과 시합 때 작성하여 긴장, 불안감, 운동 능력의 관계를 기록한 다음 자신의 운동 능력을 향상할 수 있는 최고의 긴장감과 불안감을 찾아야 한다.

그래프를 보면 긴장이 너무 많거나 적어도 운동 능력은 올라가지 않는다. 또한 불안이 너무 높아도 운동 능력은 향상되지 않는다. 적당한 긴장도와 적당한 불안을 가지고 있어야 집중력이 유지되면서 운동 능력이 향상될 수 있다. 어떤 선수들은 불안이 전혀 없어야 경기에서 가장 좋은 능력을 발휘할 수 있다고 생각한다. 하지만 약간의 불안은 인간 뇌를 각성시켜 주위에서 오는 자극에 대해 항상 반응할 수 있게 만든다. 하지만 불안이 너무 높아지면 경기 중 일어나는 자극뿐만 아니라, 주위의 모든 소리나 자극에 반응을 하기 때문에 경기에 집중하지 못하고 자신의 능력을 전혀 발휘하지 못하게 되는 것이다. 따라서 훈련시 자신에게 적절한 긴장감을 줄 수 있는 상황과 생각을 정리하며 약간의 불안감을 가지고 경기를 하는 방법에 익숙해져야 한다.

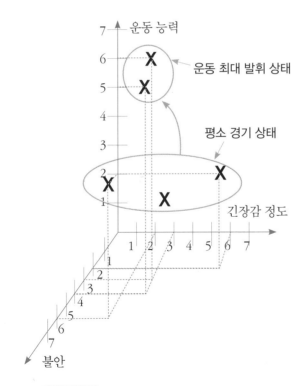

[그림 17] 긴장, 불안, 운동 능력의 입체 그래프

7. 불안과 걱정

선수들이 경기장에서 가지는 가장 흔한 불안 및 걱정은 다음 세 가지로 크게 분류될 수 있으며 이에 대한 극복 방법은 아래의 표를 참고하라.

- **외부의 압박**: 팬이나 팀, 프런트, 경기장의 조건 때문에 발생하는 걱정
- **운동 능력에 대한 걱정**: 내가 과연 이런 큰 경기에서 잘할 수 있을까?
- **결과에 대한 걱정**: 만약 잘못되면 어떻게 될까?

〈표 10〉 걱정 극복 방법의 예

부정적인 생각을 일으키는 전형적인 걱정	부정적인 생각을 줄이는 대응 방법
외부의 압박	
관중석이 너무 가까워서 부담이 된다.	이번 주는 정말로 경기 준비를 착실히 했다. 이제 이 많은 관중 앞에서 한번 보여 주자.
이 팀은 이번 시즌 무패의 팀인데…….	모두 열심히 해서 이 팀을 이기면 돌풍의 중심이 될 것이다.
이 팀의 공격수들은 너무 빨라서 우리 수비들이 잡지 못할 것이다.	이 공격수들을 어떻게 잡을지 열심히 연구했으니까, 효과가 어떤지 한번 보자.
이런 잔디에서는 아무도 경기를 잘할 수 없을 것이다.	가장 간단하게 기본적인 것만 하자. 그러면 경기장에서 변화는 그리 많지 않을 것이다.
운동 능력에 대한 걱정	
이런 많은 관중 앞에서 나는 떨려서 도저히 뛸 수 없어.	내가 잘하면 지금보다 더 열광하겠지? 나에게 정말 좋은 경험이 될 것이다.
저런 빠른 공격수를 잡을 수 없어.	우리 수비는 게임을 읽는 능력이 탁월하니까 내가 여기서 압박만 해 주면 될 것이다.

젖은 잔디에서는 난 경기 잘 못하는데…….	항상 마른 경기장에서만 경기를 할 수는 없지. 한번 도전해 보자.
결과에 대한 걱정	
이번 경기마저 못하면 주전에서 밀려나거나 2군으로 강등될 것이다.	걱정을 잠시 잊고, 현재에 최선을 다하자. 여유롭게 즐기자.
오늘 결과가 안 좋으면 감독님이 정말 화 많이 내실 텐데…….	감독님에 대한 걱정은 나에게 하나도 도움이 안 된다. 나의 일이나 잘 하자.
이런 경기장에서 뛰면 큰 부상을 입을 것이다.	이런 경기장에서 뛰어 보면 다른 비슷한 경기장에서도 요령이 생길 것이다.

1) 불안에 의한 능력 저하를 줄이기 위한 방법

자꾸 불안해지면 부정적인 생각이 따라오고 그렇게 되면 자신의 운동 능력에 의심을 가지게 된다. 따라서 불안한 감정에 뒤따르는 능력 저하를 막는 방법으로 다음과 같은 방법을 사용할 수 있다.

- 자신만의 시간을 갖는다.
- 자신의 임무를 되새긴다.
- 심호흡을 깊게 한다.
- 간단한 일만 생각한다.
- 좋은 일이 일어날 것이라고 생각하고 미소 짓는다.
- 전쟁에서 이길 것이라고 생각한다.
- 긴장을 풀고 나 자신을 즐긴다.
- 90분간 강건하게 버틸 수 있다고 생각한다.
- 오늘에 충실하고 과거에 미련을 두지 않는다.

2) 이완 방법

스트레칭, 심호흡, 각성 상태를 일정하게 유지(음악, 비디오), 마사지, 시각화를 포함하는 것이 신체, 정신 이완에 도움이 될 것이다. 다음은 구체적인 이완 방법으로 10단계를 직접 사용해도 좋고 자신의 것으로 변형시켜 사용하는 것도 좋을 것이다.

- 머리를 받치고 눕거나 앉을 수 있는 조용한 장소를 찾으라.
- 자신을 편안하게 만들 수 있는 음악을 듣는다.
- 눈을 감고 몇 분간 편안한 마음으로 있으면서 자신의 몸으로 집중한다.
- 숨 쉬는 것에 집중한다. 천천히 리듬감을 가지고 호흡한다. 숨을 내쉴 때마다 점점 더 편안해진다.
- 충분히 이완이 되면, 오른팔에 초점을 맞춘다. 주먹을 꼭 쥐고 10을 센 후, 손가락을 하나씩 편다. 그러고 난 후 팔에 완전히 힘을 뺀다. 팔에 힘을 쭉 빼고 바닥에 팔을 내려놓는다. 이런 과정을 10번 정도 반복한다.
- 이제는 다리에 초점을 맞춘다. 다리에 힘을 꽉 주고 10을 센 후 힘을 완전히 뺀다. 다리에 마치 무거운 물건을 매달아 놓은 듯이 힘을 빼고 바닥에 다리를 내려놓는다. 같은 과정을 10번 반복한다.
- 얼굴, 목, 어깨 차례로 집중한다. 모든 근육의 이완과 수축을 반복한다.
- 몸 전체에 힘을 주었다가 빼는 과정을 반복한다.
- 몸이 이완된 상태에서 몇 분간 음악을 듣는다. 그러면서 자신이 좋아하는 배경을 상상한다(예: 해안가, 산, 산들바람이 부는 강가).

3) 자기 조절 방법

경기 중 자기 조절은 스트레스, 불안, 운동 능력 저하를 방어하는 가장 좋은 수단이다. 다음의 12단계를 통해 자신만의 조절 방법을 몸에 지니고 있어야 한다.

- **자기 파악**: 경기 중 언제, 어디서, 왜 자기를 조절할 수 없는 상황에 빠지는지를 아는 것이 중요하다. 시합 중 자신의 성격적인 약점을 알고 있어야 한다.
- **이해**: 왜 자신의 생각이 바뀌었는지, 그리고 그것이 자신의 감정에 어떤 영향을 끼쳤는지를 이해해야 한다.
- **차이점의 인식**: 비슷한 상황이었는데도 어떤 때는 자신이 이성을 잃고 당황하며 어떤 때는 의연하게 대처하는지의 차이를 알아야 한다.
- **문제**: 작은 차이를 인식해야 한다.
- **믿음**: 자신은 변할 수 있다는 믿음을 가져야 한다.
- **강화**: 행동의 변화는 강화 작용에 의해 더욱 단단해진다. 따라서 자신의 변화된 행동을 자신의 주변인이 보고 지적해 주며 계속 용기를 북돋아 주어야 한다.
- **목표**: 코치의 동의하에 작은 목표를 세우고 그 목표를 달성하기 위해 행동의 변화를 계획하라.
- **기술**: 일어날 사건들을 예견하고 거기에 맞는 행동 대응법을 만들어 놓고 그 행동법에 따라 자신의 대응 행동을 변화시킨다.
- **계획**: 계획에 따라 체계적인 방법으로 자신의 목표를 이루어 나가야 한다.
- **진전**: 변화의 진전은 항상 좋은 쪽으로만 발전을 하는 것이 아니라 좋았다가 나빴다가 하면서 진전된다.
- **후퇴**: 가끔 발전하다가도 후퇴가 있다. 그때 그것을 더욱 멀리 뛰기 위한

움츠림으로 받아들이라.

- **회상**: 왜 내가 이것을 하고 있는지, 미래는 어떻게 변하는지 항상 생각하고 있어야 한다.

4) 선수들의 자기 조절을 코치들이 어떻게 도울 수 있나

- 감정의 조절이 경기력에 큰 영향을 미친다는 사실을 주지시키라.
- 선수들의 생각을 코치가 이해하고 있다는 사실만으로도 선수들은 감정적으로 많은 안정을 찾을 수 있다.
- 팀이 정상적으로 돌아가고 있다고 생각되지 않으면, 생각, 감정, 에너지 레벨의 연관성을 생각해 보라.
- 선수들에게 자신을 조절할 수 있는 기술을 전수하라. 가능하다면 스포츠 심리사를 이용하라.
- 젊은 선수들은 특히 더 참아 주어야 한다.
- 선수들이 자기 자신의 감정을 조절할 수 있다고 확신시키고 용기를 주라.
- 비디오, 음악 등 선수들의 정신 상태와 감정에 영향을 끼칠 수 있는 도구를 이용하라.
- 다가올 시합의 감정적 기복의 변화에 대비해야 한다.
- 시합 전, 중간, 후에도 선수들의 감정 변화에 예민하게 대처해야 한다.
- 시합 당일 날, 산만함, 들뜸을 유발할 수 있는 환경적 요소를 미리 알고 대처해야 한다.

8. 정신력 강화

스포츠에서 정신력을 강화시킨다는 것은 가장 흔히 쓰이는 말이고, 또 모든 선수가 자신의 정신력이 강해지기를 바라고 있다. 하지만 구체적으로 강한 정신력이라는 것이 무엇인가? 그것은 선수 각자의 상황에 따라 다를 수 있지만, 경기를 하는 선수의 입장에서 보면 경기에 이기기 위한 마음 자세를 의미할 것이다. 이제 경기에서 승리를 하기 위한 승자의 정신 태도에 대해서 알아보기로 하자.

1) 자신의 정체성을 다시 한번 확인하고 확고히 하자

- 과거 자신이 승리했거나 잘했던 기억을 되살린다.
- 항상 긍정적 시각을 유지한다.
- 자신에게 긍정적인 자기 말을 해 준다.
- 자기 자신의 응원단장이 되자. 잘하는 것이 있으면 스스로에게 상을 주라.
- 자기 자신을 알리기 위한 일을 게을리하지 말자.
- 자신의 행동에 대해서 자신이 책임을 진다. 자신을 용서하는 것은 약해지는 최초의 신호이다.
- 일정해야 한다. 한 번의 실패로 슬퍼하고, 한 번의 승리로 들뜨면 안 된다.
- 안정감과 두려움도 일정해야 한다. 어떤 날은 많이 떨리고, 어떤 날은 안정된 모습을 스스로에게 보이면, 불안정한 자신의 상을 만들고 있는 것이다.
- 항상 배움의 자세를 유지해야 한다.
- 자신이 볼 때 긍정적이고 강한 동료가 있으면 그것을 따라 하는 것도 좋은 방법이다.

2) 항상 동기가 있어야 한다

왜 성공해야 하고, 다른 사람의 비판을 받아들여야 하고, 실패를 무릅쓰고서라도 시도를 해야 하는지에 대한 동기가 항상 있어야 한다.

그림에서 보면 내가 누구를 위하여 운동을 하는지에 대한 정신적 연령별 상황을 보여 주고 있다. 어렸을 때는 부모, 선생님 등 자신의 역할 모델을 하는 사람들에 의해 그 동기가 만들어지지만 정신이 성숙하고 나이가 들수록 친구, 코치 등을 거쳐 결국은 자신을 위해 운동을 해야 하는 좁은 길로 들어서야만 항상 동기가 유지되는 것을 알 수 있다.

〈표 11〉 운동의 동기

| 내가 하고 싶어서 |
| 자기 관련된 사람: 아내, 아이, 노부모 |
| 감독, 코치의 영향 |
| 친구, 동년배의 영향 |
| 부모, 형제, 학교 선생님 등에 의해 만들어진 동기 |

3) 운동 윤리 세우기

얼떨결에 감독, 코치님이 시켜서, 집안이 어려워서 돈을 벌려고, 딸린 식구들이 많아서 계속 운동을 해야 하는 등의 선수마다의 운동을 시작하고 끝내는 이유가 분분하다. 하지만 이 이유들이 자신의 운동 능력에 큰 영향을 미치는 것 또한 무시할 수 없는 현실이다. 따라서 선수들은 자신의 운동 시기와 은퇴 시기에 대한 윤리적 기준을 마련해 놓아야 하고 이는 감독, 코치, 가족의 진정한 충고가 뒷받침되어야 한다. 특히 다음의 이유들은 많은 선수가 고민하고 있는 윤리적 고민의 기준이다. 다음의 문제를 준비하여 자신의 운동 윤리를 세워 놓아야 한다.

- 어린 선수들의 프로 혹은 실업 팀 입단 시기
- 노장 선수들의 은퇴 시기
- 부상에서 회복 후 다시 경기에 임하는 시기
- 한 시즌에 너무 많은 경기와 시간에 출전
- 체중 조절을 위한 영양실조와 다이어트
- 운동을 위해 자신의 개인 생활을 희생
- 자신의 포지션이 아닌 곳에서 경기하기

4) 자기 조절

앞에서 거론한 방법으로 자기 조절의 방식을 스스로 발전시키는 것이 중요하다. 다음은 슬럼프에 빠졌을 때 그것을 다루는 방법들의 예이다.

- **용기**: 축구 경기에서 진정한 용기는 팀의 경기가 풀리지 않을 때 내가 공을 소유하고 싶은 마음이다. 팀이 어려운 상황에 놓였을 때 공을 잡고 싶은 선수가 몇 명이나 있겠는가?
- **사랑**: 최고의 동기는 플레이를 사랑하는 것이다. 결과의 예측이 경기를 즐기는 것을 방해해서는 안 된다. 축구 선수가 안 되었으면 무엇이 되었을까 항상 생각하라.
- **버릇**: 버릇이 가장 좋은 기술이다. 항상 경기를 잘하는 선수를 보면 경기 중 좋은 버릇을 가지고 있다. 반복에 의해서 버릇은 형성된다.

- **집중**: 가능한 한 오래 경기에 집중해야 한다. 항상 기회는 생기기 마련이며, 아무리 강한 상대라 하더라도 집중력을 잃고 실수를 할 때가 있다.
- **인상**: 우리는 누구인가? 우리가 누구인지를 항상 상대편에게 알려 줄 필요가 있다. 그래서 다시 만날 때 상대편이 우리에게 어느 정도의 경계심을 가지게 하는 것이 중요하다.
- **배움**: 항상 배움의 자세를 가지는 가장 좋은 방법은 겸손한 것이다.
- **목표**: 시즌이 시작될 때 팀과 선수들은 긍정적이지만 현실적인 목표를 가지는 것이 중요하다.

9. 시합을 위한 준비

치열한 경쟁에서 살아남기 위해서는 다음 사항들을 유의하여 준비하여야 한다.

- **희망, 용기, 자기 자신에게 약속하기**: 미래의 희망을 가지고 용기 있게 준비한다. 그 희망과 용기는 매일 자기 자신에게 약속을 되새기는 것이 중요하다.
- **개인적 목표**: 방향성이 없이 노력하는 것은 시간 낭비이며, 성공으로 가는 길을 가장 멀리 힘들게 돌아가는 것이다. 항상 '잘해야 한다'고 생각하기보다는 '무엇을 잘해야겠다'는 구체적인 목표를 제시하는 것이 중요하다.
- **일상생활과 일의 윤리**: 운동을 위해 모든 것을 포기해야 하는 것인가? 잘 살기 위해 운동을 해야 하는 것인가? 그것은 같은 목표를 가지고 있을지 몰라도 수행하는 선수에게는 다른 동기를 제공할 수 있다.
- **신체, 기술, 작전의 준비**: 세 요소의 완전한 결합이 없으면 경기에 승리할

수 없다. 따라서 선수는 자신의 신체 피로, 운동 기술을 미리 준비할 뿐 아니라, 팀 전술의 이해에도 정성을 기울여야 한다.

- 정신적 준비: 정신적으로 잘 준비가 되면 신체적, 기술적 준비는 자연히 잘 따라 오게 되어 있으며 그것을 승리의 밑거름으로 만들 수 있다. 중간에 장애물들이 물론 존재하지만 그것은 긍정적 사고를 가지고 있는 선수에게는 단지 조금 늦어지는 지연물 정도로 밖에 보이지 않을 것이다.
- 감정 조절: 앞서 이야기했듯이 경기 중 감정 조절을 상황에 따라 어떻게 해야 하는지를 미리 준비해야 한다. 감정이 조절되지 않고서는 경기의 흐름을 따라갈 수가 없다.
- 초점: 선수들이 시합의 가장 중요한 순간에 초점을 맞추고 집중하는 것이 중요하다. 정신적으로 강한 선수들은 그 시점을 피하지 않고, 서로 단합하려 노력한다.
- 좋은 버릇: 경기는 흔히 생각할 시간도 없이 동물적 감각으로 반응해야 하는 순간들이 많이 있다. 이때 나오는 것이 소위 버릇인데, 버릇은 평소 반복된 행동으로 만들어지는 것이므로, 바로 연습과 경험이 좋은 버릇을 만들 수 있는 가장 좋은 방법이다.

1) 경기 당일 시합 직전 준비

- 경기가 어떻게 진행될지 상상하고(시각화 방법을 이용하라) 거기서 자신이 마치 스타플레이어가 되어 어떻게 경기를 진행하고 있는지 상상하라.
- 그날 경기에 자신 때문에 이긴 상황을 상상하라. 혹은 과거 자신 때문에 극적으로 이긴 경기가 있으면 그것을 상상해도 좋다.
- 오직 긍정적인 단어들만 반복해서 중얼거리라.
- 자신을 각성시킬 수 있는 말들로 자신을 일깨우라.

- 경기장에서는 자신의 운동에 방해가 될 상황을 최소화하고, 편안하게 지내라.
- 이완 훈련을 한다.
- 자신의 포지션에서 자신이 수행해야 할 중요한 동작을 반복한다.
- 시합 전 자신만의 의식을 편안하게 느껴질 때까지 반복한다.
- 자신이 연습을 통해 만들어 놓은 자신의 습관을 믿고 시합에 도전하라.

2) 경기 중

- 흔들림 없이 자기 자신의 능력을 믿으라.
- 승자의 자세로 임하라(90분간 아무 생각 없이 그냥 뛰어다니는 일이 없게 해야 한다).
- 자신이 할 수 있는 일에 초점을 맞추어야 한다.
- 비슷한 상황이면 훈련한 것을 실전에서 보여 주어야 한다.
- 분노와 실수를 조절해야 한다.
- 기분 나쁜 순간을 빨리 잊고 빠른 시간 내에 원상 복귀해야 한다.
- 위험을 감수해야 하는 상황이면 과감하게 실행한다.
- 자신의 임무를 완수하고 있는 것을 매 순간 즐긴다.

3) 경기 당일 준비해야 할 목록

- 긍정적인 마음으로 아침에 일어나라. 하루를 시작할 때 긍정적인 사고를 불러일으킬 문구나 언어를 떠올리라.
- 준비물을 챙기라. 훈련 및 경기를 위해 준비했던 묶음을 확인하라.
- 기본적인 감정 상태를 확인하라. 단지 기분이 좋은가, 걱정거리가 있는

가……. 그리고 나서 짧은 시간 내에 경기에 적절한 기분으로 전환하는 것이 필요하다.

- **자신감을 확인한다.** 긍정적 사고를 다시 한번 확인하고, 자신감을 불러일으키는 '단서 카드'를 이용한다.
- **상상한다.** 경기장에서 일어날 상황을 생생하게 상상하며 그것에 대응하는 행동을 가상으로 시도해 본다.
- **식사를 한다.** 경기 전 식사가 중요하다는 것은 누구나가 인정하는 것이다. 경기 장에서 뛰는 선수들의 연료가 되기 때문에 신경 써서 준비해야 한다.
- **신체적으로 준비한다.** 자신에게 익숙한 몸풀기를 하라. 그리고 100% 다 되었다고 생각할 때까지 여유있게 진행하라.
- **개인의 차이를 인정해야 한다.** 축구가 팀 경기이기는 하지만 개인의 차이를 인정해야 한다.

〈표 12〉 경기 후 개인의 경기 분석

날짜:	장소:	상대 팀:	경기를 시작하고 끝난 시간:
오늘 몸 상태: 　　　　%	개인의 실력 발휘: 　　%	팀의 실력 발휘: 　　%	

경기 시간대	부정적 사건	긍정적 사건	구체적 사건과 대처
전반 5분			
전반 25분			
25분~전반 끝			
후반 5분			
후반 25분			
25분~후반 끝			

10. 팀워크

팀에게는 비전이 있어야 거기에 맞는 역할 분담과 목표가 생길 수 있다. 팀 비전을 만드는 데 고려해야 할 다섯 가지 질문이다.

- 비전이 의욕과 변화, 발전과 관련이 있는가?
- 선수들의 시너지를 유도할 수 있으며 거기에 따른 행동을 취할 수 있게 하는가?
- 선수들을 하나로 묶고 팀을 위해 희생할 만큼 자부심을 가지게 하는가?
- 비전이 경솔하거나, 무리한 것이거나 의심을 불러일으킬 만한가?
- 지금의 비전이 달성되면 현재 팀의 역사에 또 하나의 이정표를 세울 만한 것인가?

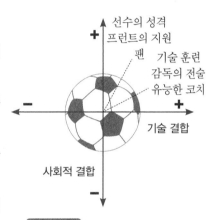

[그림 18]　팀워크에 필요한 요소

팀워크를 만들어 가는 데는 크게 사회적 결합의 그룹과 기술 결합의 그룹, 두 가지로 나눌 수 있다. 흔히 선수들을 나누고, 분리하는 것에 감독, 코치들은 두려움을 갖지만, 실제로 선수들은 자신들이 그룹을 나눈다. 일부는 큰 그룹, 일부는 작은 그룹, 그룹을 가지지 못하는 경우가 있기도 하다. 또한 팀 분위기는 좋은데 경기 중 손발이 안 맞는다는 불평을 하는 구단에는 이 두 그룹의 분배가 불균형을 이루고 있다는 것을 알 수 있을 것이다. 따라서 객관적인 그룹의 분리는 동등한 그룹 참여의 기회를 선수들에게 제공하기도 하지만 진정으로 팀이 필요로 하는 결합을 이루어 낼 수 있다.

PART IV
농구 편

BASKETBALL

1. 슈팅 능력 향상하기

농구 종목에서 슈팅 능력은 기본적이면서도 매우 중요한 기술이다. 선수 개인의 슈팅 능력의 부족은 개인만의 문제가 아닌 팀 전체의 문제가 되기도 한다. 예를 들어, 경기를 뛰고 있는 코트 위의 다섯 명의 선수 중 한 선수의 슈팅 능력이 매우 좋지 않은 경우가 있다. 상대 팀의 입장에서는 슈팅 능력이 부족한 선수를 '버리는' 수비 전술을 사용하면서 팀 디펜스의 효율성을 높이는 작전을 사용할 가능성이 높다. 여기서 '버린다'는 것은 상대 수비수 다섯 명이 슈팅 능력이 좋지 않은 선수 한 명은 막지 않고 내버려 둔 채 나머지 네 명의 선수만을 집중해서 막는 것을 뜻한다. 수비수 다섯 명이 상대 팀 네 명의 선수만을 수비하는 상황은 수비에게 매우 유리한 상황이 되고 반대로 이런 선수를 보유한 팀으로서는 공격에서 매우 불리한 상황이 전개된다. 선수들 모두가 훌륭한 슈터가 될 필요는 없으나 적어도 오픈 찬스에서 미들 레인지 점프 슛 정도는 성공시킬 수 있는 능력을 갖추어야 팀에 도움이 될 수 있다. Giannini(2009)는 선수들이 자신의 슈팅 능력을 객관적으로 평가할 수 있는 경기에서의 농구 선수로서의 일반적인 슈팅 능력의 기준을 제시하였다.

- 자유투 성공률 70% 이상
- 3점 슛 성공률 40% 이상
- 필드 골 성공률 가드의 경우 45% 이상, 센터의 경우 50% 이상

또한 Giannini(2009)는 실제 경기에서의 슛 성공률은 훈련에서의 성공률에 비해 10~20% 낮게 나타나게 되므로 훈련에서는 경기에서 달성하고자 하는 슛 성공률보다 10~20% 높은 성공률을 기록해야만 한다고 하였다.

1) 슈팅 능력 향상을 위한 심상 훈련

대부분의 농구 선수는 거의 하루도 빠지지 않고 실제 코트에서 공을 들고 골대를 향해 반복적으로 슈팅을 하는 신체 훈련을 진행한다. 이러한 신체 훈련과 병행해 심리 훈련이 이루어진다면 더욱 효과적인 슈팅 능력 향상 훈련이 될 것이다. 심상 훈련을 통해 슈팅 연습을 할 때에는 슛을 던지는 위치(각도)를 바꿔가며 반복하여 자신이 슈팅을 하는 장면을 상상해야 하며, 다양한 환경과 상황을 설정해 놓고 심상 훈련을 진행하는 것이 좋다.

탑　　　　　　　　　　　　　　코너

[그림 19]　위치에 따라 다른 슈팅 장면

탑 위치에서의 슈팅 시 보이는 장면과 코너에서 슈팅 시 보이는 장면은 다르다. 또한 버저 비터 클러치 상황의 긴장되는 상황에서 슛을 던지는 심상 훈련을 하는 것으로 실제 경기 상황에서 느끼는 긴장감과 생각까지도 구체적으로 떠올리며 심상 훈련을 하는 등 최대한 세세한 것까지 구체적으로 떠올리는 것이 심상 훈련에서 가장 중요한 포인트이다. 경기에서 충분히 일어날 수 있는 슈팅 상황의 시나리오를 최대한 구체적으로 묘사하듯 만들어 보고 신체의 심상 훈련을 진행한다면, 자신감도 향상되고 결과적으로는 슈팅 능력의 향상으로까지 이어질 수 있다.

> ### 🏀 심상 시나리오의 예
>
> 공격에서 나는 오른쪽 코너에 서 있다. 반대편 윙에 있던 동료가 골대 쪽으로 돌파를 시도한다. 나를 담당하는 수비가 헬프 수비를 갔다. 돌파하다 멈춘 팀 동료에게 나는 두 팔을 번쩍 들고 손을 흔든다. 팀 동료가 나를 보고 나에게 공을 던진다. 나는 이미 슛을 쏠 준비를 하고 있다. 손에 공이 들어왔다. 나를 마킹하는 상대 수비가 급하게 나에게 달려오고 있다. 나는 림에만 시선을 둔 채 주의 집중을 림에만 맞추고 무릎을 구부렸다가 힘차게 점프를 하여 슛을 쏜다. 손끝에서 공을 릴리스한다. 공이 손을 떠난 후에도 끝까지 림을 향해 팔로우 스루 자세를 유지한다. 공이 림을 향해 똑바로 날아간다. 느낌이 좋다. 슛이 들어갈 거라는 자신감을 느낀다. 공이 그물을 흔들며 들어갔다. 심판이 손을 들어 3점 슛 성공의 시그널을 한다. 기분이 좋다. 다음 수비를 하기 위해 반대 코트로 서둘러 뛰어간다.

2) 슈팅 능력 향상을 위한 주의 집중 & 혼잣말 하기

좋은 슈터가 되기 위해서는 슛을 쏠 때 적절한 주의 집중 프레임을 선택하는 것이 중요하다. 슛을 쏴야겠다고 결정을 하게 되면 림이나 백보드(뱅크 슛 시도 시)에만 초점을 맞춰 집중해야 하며 그 이외의 요소들에 주의 집중이 분산되어서는 안 된다. 림에만 초점을 맞춘 채 슈팅을 던질 때 머릿속에 떠오르는 생각 또한 중요한데, '이전까지 세 번 연속 못 넣었는데 이번에 또 못 넣으면 어쩌지…….' '동료에게 그냥 패스할 걸 괜히 슈팅을 쏘는 건 아닐까?' 등의 부정적인 생각은 금물이다. 이러한 부정적인 사고는 오직 림에만 초점을 맞춰야 하는 슈팅 상황에서 집중력을 흐트러뜨리는 부정적인 심리적 간섭을 일으키게 된다.

대체적으로 선수들의 슈팅 밸런스와 타이밍은 연습 상황과 비교하면 실전에서 다소 빠른 편이다. 주위 상황(경기)과 선수 본인이 느끼고 있는 심리적 상태가 이와 관련성이 있다.

숏을 쏘기 전이나 숏을 릴리스하는 포인트에서 혼잣말을 하는 것도 주의 집중에 도움이 된다. 슈팅 시 림이나 백보드에만 초점을 맞추고 주의 집중을 할 때 간단한 단어(키워드)를 정하고 입으로 이 단어를 말하는 훈련을 하게 되면 부정적인 생각들이 들어올 틈이 없이 슈팅 시 초점을 맞추고 주의 집중할 대상만을 생각할 수 있고 이는 슈팅 능력 향상의 결과로 이어질 것이다. 슈팅 시 도움이 되는 혼잣말 키워드는 자신에게 잘 맞는 적절한 단어를 선택하여 사용하면 되는데 '림' '골대만' '부드럽게' 등의 간단하면서도 주의 집중에 도움을 줄 수 있는 키워드면 무엇이든 가능하다.

3) 자유투 루틴

대부분의 농구 선수는 자유투를 던질 때 자신만의 루틴이 있다. 예를 들면, 자유투 라인에 서서 심판에게서 공을 받기 전에 어깨 돌리기를 한다든지, 자유투를 던지기 전에 공을 바닥에 길게 2번, 짧게 2번, 총 4번 튕긴다든지, 숏을 쏘기 직전에 호흡을 깊게 내뱉는 등의 자신만의 고유한 루틴이 있다. 지금 예로 든 자유투 루틴은 신체적 루틴이라 할 수 있으며 경기 중에 일어날 수 있는 상황적인 요소를 고려할 수 없다는 단점이 있다.

농구 선수들 중에는 경기 초반에는 자유투 성공률이 좋은데 경기 막판으로 가거나 경기 종료 몇 초 전의 중요한 순간으로 갈수록 자유투 성공률이 떨어지는 선수들이 있다. 반대로 경기 종료가 몇 분 남지 않은 상황에서 유독 자유투 성공률이 더 좋아지는 선수들도 있는데 이러한 선수들은 오히려 그리 중요하지 않은 상황에서 자유투를 쏠 때 주의 집중에 어려움을 겪는 경우이다. 경기 중 어떤 상황에서도 자유투에 대한 집중력을 잃지 않기 위해서는 모든 상황에서 사용할 수 있는 자유투의 심리적 루틴을 만들어야만 한다. 대표적으로 심상, 집중, 셀프 토크의 세 가지 심리 기술을 사용해 자유투의 심리적 루틴을 만들 수 있다.

Burke와 Brown(2002)은 농구 선수들에게 효과적인 자유투 루틴은 신체적 루틴과 심리적 루틴이 함께 병행돼야 된다고 하였다. Burke와 Brown(2002)의 구체적인 자유투 루틴을 살펴보면, 먼저 선수는 자유투 라인에 서서 심판으로부터 공을 받기를 기다릴 때, 심상을 통해 공이 손을 떠나 골대에 들어가는 것을 상상한다. 단 몇 초에 불과한 짧은 시간 동안 심상과 함께 림에만 시선을 두고 '림' '골대' 등 주의 집중을 위한 단어를 혼잣말로 중얼거린다. 이러한 초점을 맞추기 위한 혼잣말을 해 적절한 주의 집중이 이루어지도록 한다. 다음으로 '준비' '차분하게' '하던 대로' 등과 같은 냉정하고 차분함을 줄 수 있는 혼잣말을 하는 것도 좋다.

심판에게서 공을 받은 후에는 각 드리블을 칠 때마다 숫자를 센다. 드리블 수를 세는 것은 집중력에 도움이 되는 기술로써 '안 들어가면 어쩌지' 등과 같은 부정적인 생각으로 인해 스스로 집중이 무너지지 않도록 도움을 주는 역할을 한다. 평상시 훈련에서 자유투를 던지기 전 드리블의 개수나 리듬을 정하고 자동적으로 리듬이 몸에 익을 때까지 신체 훈련과 심리 훈련을 지속적으로 진행해야 한다. 드리블을 마친 후 다음의 루틴 단계는 림에 시선을 유지한 채로 깊은 심호흡을 하며 다시 한번 '차분히' '릴랙스하자' 등과 같은 차분해지는 혼잣말의 키워드를 사용해도 좋다. 다음으로는 링에 초점을 맞추고 '링' 등과 같은 주의 집중 단어를 마음속으로 생각한다. 공이 손을 떠난 후인 팔로우 스루 단계에서도 주의 집중을 유지해야 하며, 공을 던진 후에도 '폼' '끝까지'라고 생각할 수 있다. 이렇듯 심리적 루틴을 사용하게 되면 선수들은 자유투의 결과보다는 과정에 더 집중할 수 있게 된다. 많은 농구 선수가 슛을 성공시켜야 한다는 결과에 초점을 맞추는 경우가 많은데 결과에만 초점을 맞추게 되면 불안이 높아지게 된다. 자유투가 좋은 선수가 되기 위해서는 신체적 루틴과 심리적 루틴을 자연스럽게 사용할 수 있도록, 자동화가 될 때까지 자유투 훈련에 많은 시간을 할애해야 한다. 지속적인 훈련을 통해 신체적 루틴과 심리적 루틴 모두

를 자동적으로 사용할 수 있게 된다면 다양한 상황에서도 일관적인 자유투 성
공률을 만들어 낼 수 있을 것이다.

〈표 13〉 **자유투 루틴**

신체적 루틴 단계	심리적 루틴 단계
1. 자유투 라인에 선다.	1. 빠른 심상을 하고 '림'이라고 생각한다.
2. 공을 기다린다	2. '릴랙스' '차분하게'라고 생각한다.
3. 공을 받고 드리블을 친다.	3. 각 드리블 수를 센다.
4. 심호흡을 한다.	4. '릴랙스' '차분하게'라고 생각한다.
5. 림을 주시한 채로 슛을 던진다.	5. '림'이라고 생각한다.
6. 팔로우 스루를 유지한다.	6. '폼' '스루'라고 생각한다.

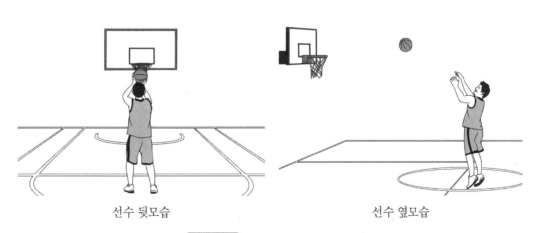

선수 뒷모습   선수 옆모습

[그림 20] 골이 골대로 향하는 순간

2. 수비 능력 향상하기

1) 팀 디펜스

슈팅, 드리블 등의 공격 기술은 농구공과 골대만 있으면 팀 훈련 이외의 시간에도 혼자서 얼마든지 훈련이 가능하다. 반면, 선수 혼자서 수비 능력 향상을 위한 훈련을 하기는 현실적으로 쉽지 않다. 수비 능력 향상 훈련을 하려면 최우선적으로 공격을 해 주는 상대 선수가 있어야 하기 때문이다. 이러한 경우 심상을 통해서 선수 스스로 효과적인 수비 훈련을 할 수가 있다.

농구는 팀 스포츠이다. 5명 중 4명의 선수만 수비를 해서는 결코 효과적인 팀 디펜스가 만들어질 수 없다. 성공적인 팀 디펜스를 만들어 내기 위해서는 5명 모두가 활발하게 수비에 임해야만 한다. 선수들이 팀 훈련을 통해 팀이 추구하는 수비 전술을 익혔다면 이후 개인적인 심리 훈련을 통해 팀 디펜스에서의 자신의 역할을 철저하게 이해해야 한다.

예를 들면, 2-3 존 디펜스에서 앞선 수비를 맡게 되었다면 작전 보드 위에 스스로 수비 전술을 그려 보고 심상 훈련을 통해 자신의 위치나 움직임을 익숙하게 만들 수 있다. 심상을 통해 공의 이동에 따라 빠르게 움직이며 자신의 위치를 찾아가는 자신의 모습을 볼 수 있어야 하며 더 나아가서는 급작스럽게 방향을 전환해 스틸에 성공하는 상상까지도 할 수 있어야 한다. 심상 훈련과 더불어 실제 훈련이나 경기에서 수비를 하는 동안 팀 디펜스에 효과적이고 적절한 요소에 초점을 유지하고 주의 집중을 하는 것 또한 중요하다. 대체적으로 수비 시에는 내가 막고 있는 선수와 공에 초점을 유지하는 것이 도움이 될 것이다.

2) 일대일 디펜스

상대의 경기 영상을 보고 내가 막을 선수의 플레이 습관을 파악한 후 멘탈 훈련을 통해 수비의 완성도를 높일 수 있다. 상대의 플레이 스타일이나 습관들 (오른쪽 돌파 선호/미들 슛 선호 등)을 심상을 통해 상기할 수 있다. 예를 들어, 상대 선수가 슛 쏘기 전에 무조건적으로 페이크를 하는 습관이 있다면 심상 훈련을 통해 상대 선수가 페이크를 하더라도 속지 말고 다음 동작에서 슛으로 올라 갈 때 블락 샷을 하는 장면을 상상한다. 반복적으로 수비 장면을 심상하게 되면 실제 경기 상황에서 수비에 대한 자신감이 향상되고 상대 선수의 플레이를 더욱 효과적으로 막을 수 있다. 심상만이 아닌, '왼쪽 막자.' '페이크에 속아 점 프하지 말자.' 등의 수비 시 사용할 수 있는 지시어들을 혼잣말로 사용하는 것도 효과적이다. 상대 선수의 선호하는 플레이를 기억하는 데 도움이 되고 자신이 수비에서 무엇을 해야 하는가에 초점을 맞춰 주의 집중을 할 수 있다. 수비를 하는 데 있어서 상대의 모든 공격을 다 막을 수는 없다. 좋은 수비수란 상대 선수에게 득점을 허용했더라도 자신감을 유지하며 지나간 플레이에 연연하지 않고 다음 수비에 초점을 맞추고 플레이에 임하는 선수이다. 부정적인 생각과 단어를 사용하게 되면 자신의 플레이를 제어하는 데 어려움을 겪을 수 있다. 수비에서 상대에게 골을 허용했다 하더라도 '다음번에는 막자.' '실수에서 배웠다.' 등의 긍정적인 사고를 통해 이어지는 다음 플레이에 집중해야만 한다.

3. 연습용 선수 vs 시합용 선수

훈련에서는 좋은 경기력을 보이지만 경기에서 경기력을 발휘하지 못하는 문제를 경험하는, 이른바 '연습용 선수'를 위한 솔루션은 없을까? 꽤 많은 지도자나 관계자들은 이러한 선수들에게 "훈련은 실전처럼, 실전은 훈련처럼 해라."라고 조언한다. 그러나 막상 선수의 입장에서 보면 실전처럼 훈련을 하는 것이 결코 쉬운 일은 아니다. 실제 경기에서는 수많은 관계자와 응원단 및 관중이 존재하고 승패에 대한 확실한 결과가 존재한다. 아무도 없는 편안하고 조용한 훈련장 분위기 속에서 실제 경기처럼 훈련에 임하는 것이 쉽지 않은 이유이다. '연습용 선수'라 불리는 선수들이 실제 경기 중에 과도한 긴장으로 인해 숨이 막힐 정도의 불안을 호소하는 경우가 있다. 이러한 문제의 원인으로는 일반적으로 훈련 중에는 경기력의 발휘에만 초점을 맞추고 훈련을 소화하던 선수들이 실제 경기 상황이 되면 경기의 최종 결과에만 초점을 맞추고 불안이 높아져서 숨이 막히는 초킹까지도 발생할 수 있는 것이다. 이러한 결과 중심의 사고는 선수들이 경기에 대한 부담감을 스스로 지각하게 하고 불안을 효과적으로 관리할 수 없도록 만든다.

이러한 상황에서 결과 중심이 아닌 과정 중심의 사고를 통해 경기에서 내가 해야 할 몇 가지 과제 목표를 정하고 경기의 결과가 아닌 자신이 해야 할 과제 목표들에 초점을 맞추고 주의 집중을 하게 되면 불안을 보다 효과적으로 관리할 수 있게 될 것이다. 이와 더불어 평상시 훈련에서도 심상을 통해 실제 경기 상황과 같은 감각을 느끼면서 훈련을 하는 것도 도움이 된다.

4. 출전 시간을 충분히 확보받지 못하는 벤치 선수들

농구는 다섯 명의 선수만이 코트에 나설 수 있기 때문에 다섯 명 이외의 나머지 일곱여명의 선수는 벤치에서 코트 위 동료들의 플레이를 보면서 자신에게도 출전 기회가 주어지는 것만을 기다린다. 이러한 벤치 경험은 농구 선수라면 누구든 한 번쯤은 경험하게 된다. 그렇다면 경기에 출전하지 못하고 벤치에 앉아서 시간을 보내야 하는 선수들이 벤치에 있는 동안 좀 더 생산적으로 팀과 자신을 위해 할 수 있는 것이 없을까? 가장 좋은 방법 중의 하나는 벤치에 있는 동안 코트 위에서 뛰고 있는 팀 동료들을 격려하고 응원하는 것이다. 팀 동료들을 격려하고 응원함으로써 팀의 일원으로서 함께하는 맛을 느낄 수 있기 때문이다.

　두 번째 방법으로는 코트 위에서 뛰고 있는 다섯 명의 선수 중 자신이 선수 교체로 경기에 투입되게 되었을 때 자신과 교체될 포지션의 선수가 누군지는 분명 알 수 있을 것이다. 벤치에서 자신과 교체될 가능성이 가장 높은 선수의 플레이를 모든 순간에 걸쳐 주의 깊게 보는 것이다. 이 방법은 자신이 선수 교체로 경기에 투입되었을 때 기존에 뛰는 선수들과 별다른 위화감 없이 팀에 녹아드는 데 매우 효과적인 방법이다. 팀 전체적인 부분과 선수 개개인의 플레이 부분까지 경기에서 잘되고 있는 점과 잘되지 않고 있는 점을 객관적으로 평가하고 판단할 수 있다. 오히려 코트 위에서 뛰고 있는 선수들보다 벤치에서 경기를 바라보는 것이 더 객관적이고 통합적으로 관찰 가능하다는 장점을 반드시 잊어서는 안 된다.

　경기 내내 벤치에 앉아만 있어야 하는 상황 속에서도 확실한 목표를 설정해야 한다. 매 경기 벤치에 있으면서 하나라도 배우기 위해 노력한다든지 경기를 뛰고 있는 선수들에게 응원과 격려를 해 주면서 힘이 되어 주는 것이 목표가 될 수도 있다. 이러한 자세를 잃지 않으려면 벤치에 앉아 있는 동안 긍정적인 혼잣말을 하는 것도 유용한 방법이 될 수 있다. 출전 시간이 많지 않으면 부정적인 혼잣말을 하게 되기 쉽다. 부정적인 셀프 토크를 하는 버릇을 없애기 위해서는 부정적인 표현들을 끊어 내고 다음과 같은 현실적이고 긍정적인 내용들로 바꿔야 한다. 자신이 부정적으로 생각하기 시작했다는 것을 알아차리면, 정지 표지판을 머릿속에 떠올린다든지, '스톱'이라고 혼잣말을 하면서 부정적인 표현을 긍정적인 표현으로 교체하는 것이 필요하다.

〈표 14〉 부정적 표현을 긍정적 표현으로 교체하기(예)

부정적	긍정적
나는 이제 더 뛸 수 없다.	내 시간은 올 것이다.
나는 가치 있는 팀원이 아니다.	나는 내가 할 수 있는 어떤 방법으로든 팀에 도움이 될 것이다.
사람들은 내가 잘 못할 거라 생각한다.	이 팀에 있는 것을 자랑스러워하는 사람들이 많다.
그들은 나를 필요로 하지 않는다.	나는 이 팀에서 중요한 부분을 맡고 있고 내 역할은 중요하다.
나는 잘하는 게 전혀 없다	나는 점점 좋아지고 있다.
코치는 나를 좋아하지 않는다.	나는 코치에게 훈련에서 더 많은 것을 보여 줘야만 한다.

　　또 다른 방법은 경기에 나서지 못하는 후보 선수들의 동기, 집중력 등을 유지하기 위해서는 먼저 그들이 직접 통제할 수 있는 것에만 집중하도록 만드는 것이다. 그들에게 주어질 출전 시간은 코칭 스태프가 결정하게 되는 것이고 선수들은 코칭 스태프의 결정을 통제할 수는 없다. 반면, 그들의 결정에 대한 본인의 반응은 통제 가능하다. 일 분을 뛰더라도 열심히 최선을 다하는 선수가 있는 반면, 주어진 일 분 동안 아무것도 보여 줄 수 없다고 생각하고 자포자기의 심정으로 대충 경기에 임하는 선수들도 있다. 자신에게 주어진 일 분의 시간을 바꿀 수는 없으나 이후의 자신의 행동은 스스로 선택하고 통제할 수 있다.

　　결과적으로는 벤치에 있는 동안의 시간을 효과적으로 잘 활용하게 된다면 그만큼 경기에 뛸 수 있는 기회가 증가할 수 있을 것이다. 매일 이루어지는 훈련 상황에서도 실제 경기라고 생각하고 매 순간 최선을 다하며 점점 발전하는 모습을 보여 줄 수 있다면 이 또한 출전 시간의 증가로 이어질 수 있을 것이다. 내가 무엇을 할 수 있는가? 내가 통제 가능한 것에만 집중하고 책임감 있게 행동한다면 반드시 기회는 주어질 것이다.

5. 슈팅 슬럼프 극복

슬럼프에 빠진 대부분의 선수는 어찌해 볼 도리 없이 슬럼프가 저절로 알아서 끝나길 기다리는 경우가 많다. 그러나 슬럼프를 극복하기 위해서는 선수 본인이 매우 활발하게 노력을 해야 한다. 신체 훈련과 함께 심리 훈련을 병행하는 것이 슬럼프 극복에 도움이 된다. 3점 슛이 꽤 정확한 선수가 최근 들어 슬럼프에 빠진 것 같은 상황을 인지했다면 본인의 슈팅 스킬들을 신속하게 분석해야 할 필요가 있다. 지도자나 팀 동료들이 자신의 슈팅 영상을 찍어 주는 것은 슈팅 슬럼프 극복에 굉장히 큰 도움이 된다. 이전에 슈팅이 잘 되었을 때의 슈팅 녹화 영상까지 가지고 있다면 원래 자신이 가지고 있었던 슛 폼을 찾는 데 큰 도움이 될 것이다.

슈팅이 잘 되지 않은 날 잘 안 되는 부분의 수정을 위해 심상 훈련을 활용할 수 있다. 심상을 통해 기술의 수정이 가능하기 때문이다. 점프 슛을 쏘는 자신의 모습을 상상하라. 완벽한 슛 폼으로 공을 릴리스하는 것을 느끼며 그물망을 가르는 소리까지 들어 보라. 이것을 자신이 자신감을 느낄 때까지 반복하여 실시하다 보면 슈팅 스킬의 수정에 큰 도움이 되고 자신감 향상으로 이어질 것이다.

이전의 슛 폼과 큰 변화가 없는데 성공률이 현저하게 떨어졌다면 심리적인 문제일 가능성이 크다. 이럴 경우에는 자신의 슛 폼의 수정에 혈안이 되어 슈팅을 할 때 동원되는 모든 감각을 느끼려 하면 오히려 생각이 많아지고 자신의 슛에 대한 망설임도 많아지게 된다. 이럴 때는 간단한 지시어를 정하고 그 단어만을 말하면서 슈팅을 시도하는 것도 슬럼프 극복을 위한 하나의 방법이다. 적절한 지시어는 자신에게 가장 잘 맞는 단어로 선택하고 반복적인 훈련을 통해 심플하게 슈팅을 시도할 수 있도록 만드는 것이 중요하다.

이와 더불어 양(연습 슈팅 수)보다 질적인 연습 방법이 필요하다. 무한 반복하는 슈팅 연습보다 소수의 횟수를 정해 놓고 '한 번의 슈팅'에 집중해서 연습한다면 현 시점의 문제점과 해결 방안을 찾는 데 도움이 될 수 있다.

6. 심판 극복

농구 경기에서 심판은 없어서는 안 되는 존재이다. 심판은 선수들이 경기 중 공평하게 페어플레이를 할 수 있도록 규칙을 지켜 주는 존재라고 할 수 있다. 그러나 실제 농구 경기 중에 코치나 선수들이 심판에게 항의하는 장면이 꽤 많이 목격된다. 코치나 선수들이 원하는 대로 경기가 풀리지 않거나 패배를 하게 되었을 때 심판의 탓으로 돌리는 경우도 적지 않다. 만약 선수나 코치들이 패배의 원인이 심판이라고 믿고 있다면, 반대로 그들이 경기에서 승리했을 때에는 심판들 덕분이라고 인정을 해야만 하는 것은 아닌가? 그러나 선수들이나 코치들이 승리 후 심판이 많이 도와줬다고, 그들의 덕분이라고 인정하는 경우는 결코 없다. 결국 경기의 승패와 관련이 있는 것은 선수들과 코치이고 심판은 경기의 승패와는 아무런 관련이 없다는 사실을 잊어서는 안 된다.

경기 중에는 선수들은 물론 코치들도 크고 작은 실수를 하게 된다. 선수들은 경기 중 턴 오버를 하거나 노 마크 슛을 놓치거나 약속된 패턴 플레이를 잊어버리는 등의 많은 실수를 범하게 된다. 코치들 또한 작전타임을 요청할 타이밍을 놓치거나 선수들에게 적절한 작전 지시가 이루어지지 않는 등의 실수들을 범하게 된다. 같은 맥락에서 빠른 스피드와 격렬한 몸싸움이 이루어지는 농구 종목의 특성상 심판들 역시 판정에 있어서 크고 작은 실수를 할 가능성이 아예 없는 것은 아니다. 이럴 경우 선수들과 코치가 심판에게 어떻게 대응을 하느냐에 따라 선수들의 경기력이나 경기의 승패에까지 영향을 줄 수 있다.

　납득할 수 없는 심판의 콜이 나왔을 때 흥분하거나 괴로워하지 않고 평정심을 지킬 수 있는 방법은 없을까? 무엇보다 중요한 것은 심판의 입장을 충분히 이해하는 것이다. 나 또한 이 경기에서 심판이었다면 100% 실수 없이 판정을 내리는 것이 결코 쉽지 않았을 것이라고 인정하고 그들의 어려움을 이해하는 자세가 경기 운영에 도움이 될 것이다. 대부분의 심판은 심판이라는 직업에 대해 열정을 가지고 즐기고 있을 것이며 그들 나름대로의 도전하고 싶고 흥분되는 과제들 또한 있을 것이다. 무엇보다 중요한 사실은 심판은 어느 팀이 이기고 어느 팀이 지는지에 대해 관심이 없다는 것이며 이로 인해 공평하고 객관적이고 편견 없는 방식으로 경기에서 판정을 내리는 역할에 최선을 다하게 되는 것이다. 농구 심판의 역할에 대해 보다 확실하게 이해하는 것만으로 경기에만 집중을 할 수 있게 될 것이다.

　또 하나 명심해야 할 사실은 심판과 언쟁을 벌이고 항의를 한다고 해서 심판의 판정이 번복되는 일은 거의 없다는 것이다. 흥분을 하게 되고 심판과 언쟁을 벌이는 것은 결국은 자기 자신의 에너지만 소모되는 일이 되어 버린다. 물론 경기 중 심판의 판정을 결코 받아들일 수 없는 상황이 있을 수도 있다. 이럴 경우에는 자신을 진정시키고 경기에만 초점을 맞출 수 있도록 도와줄 수 있는 지시어들을 가지고 있는 것이 경기력 유지에 도움이 될 것이다. 이러한 상황에서 도움이 될 수 있는 지시 문장들을 예로 들면 '괜찮아.' '저들도 최선을 다하고 있는 거야.' 등이 있을 수 있겠다.

　또 다른 극복 방법으로는 심상을 통해 이와 같은 상황에 대한 훈련을 해놓는 것이다. 납득할 수 없는 심판의 오심이 나왔을 때 진정하고 다음 플레이에만 초점을 맞추고 집중력을 유지하는 자신의 모습을 상상하는 심상 훈련이 가능하다. 또한 지시어를 사용하는 경우에는 지나간 플레이는 떠나보내고 현재 해야 할 과제에 대해서만 초점을 맞추고 집중하는 방법이 있다. 자신의 감정을 진정시키는 데에 혼잣말을 하고 바로 해야 할 다음 과제에 초점을 맞추고 집중을 유지함으로써 현명한 경기 운영이 가능하게 될 것이다.

7. 주의 집중

농구는 공수 전환이 매우 빠른 스포츠로 농구를 잘하기 위해서는 빠른 공수 전환 속에서도 매 순간 적절한 집중력과 주의 전환 능력을 유지하는 것이 중요하다. 이 두 가지를 유지하는 데 중요한 것은 적절한 집중 프레임에 초점을 맞추는 것이다.

선수들은 지도자들에게 집중하라는 얘기를 듣는 것을 별로 좋아하지 않는다. 지도자의 입장에서 선수들이 더 집중하길 원한다면 선수에게 보다 구체적

〈표 15〉 주의 집중 프레임

많은 정보-외부 상황을 빠르게 판단함 코트의 전반적인 상황의 평가 (코트 위 팀원, 상대 선수, 공의 위치, 벤치 지시 등)	많은 정보-내부 수행 전략과 계획을 세움 정신적인 준비 (공격 패턴 정하기)
적은 내용-외부 오직 하나 또는 두 개의 외적인 단서에 초점을 맞춤 농구 상황에 대해서만 생각 (슛을 릴리스하는 동안에 오로지 림만)	적은 내용-내부 감정 상태 조절 슈팅이나 패스할 때 (자유투 등 상황)

으로 집중을 하기 위해 무엇을 어떻게 하라고 집중의 방법에 대해 설명해 줄 수 있어야 한다. 주의 집중은 크게 네 가지의 프레임으로 구분된다.

　Burke와 Brown(2002)은 농구 선수가 주의 집중을 하는 데 위의 네 가지의 집중 프레임 중에 동시에 두 가지를 사용하면 수행에 부정적인 영향을 미치며 최상의 경기력 발휘가 불가능하다고 하였다. 선수들은 대개 본인이 선호하는 주의 집중 프레임을 자주 사용하게 되는데, 특히 긴장감이나 부담감이 심해지면 더욱더 자신이 선호하는 주의 집중 프레임만을 선택해 사용하게 된다. 그러나 각 상황에서 요구되는 주의 집중 프레임과 자신이 선택한 주의 집중 프레임이 일치하지 않을 경우 경기력 발휘에 문제가 생길 수 있다. 예를 들어, 팀원에게서 바운드 패스를 받는 순간에는 다가오는 공에만 집중을 하면 되지만 외부에 초점을 맞춰 패스를 캐치해야 하는 순간에는 외부의 많은 정보에 초점을 맞추게 된다. 내게 공이 오고 있는 상황에서도 수비에 신경이 더 쓰이게 되어 공에 집중을 덜하게 된다면 공을 놓치는 등의 캐치 미스가 일어날 수 있다.

　잘못된 타이밍에 잘못된 주의 집중 프레임을 사용한 또 다른 예를 들어 보면, 경기 막판 중요한 순간에 자유투를 얻었을 때는 림에만 초점을 맞추고 집중해야 하는데 슛을 쏜 후에 수비 포지션을 신경 쓰면서 자유투를 던지게 되면 성공률이 낮아지는 경우가 있다. 농구 경기 중에는 효과적인 주의 집중을 위해 실시간으로 주어지는 각 상황에 맞는 적절한 프레임을 자유자재로 변경할 수 있어야 한다. 주의 집중을 할 때 기본은 너무 미리 앞서서 많은 것을 생각하거나 이미 한참 전의 플레이에 대해 아쉬워하는 것은 경기력에 도움이 되지 않는다. 명심해야 할 건 매 순간의 플레이 상황에서 '지금−여기'에 초점을 맞춰 주의 집중을 해야 한다는 것이다.

참고문헌

대한신경정신의학. (2017). 신경정신의학(개정판 3판). 아이엠이즈컴퍼니.

Adair, R. K. (2002). *The Physics of Baseball*. New York: HarperCollins.

Beswick, B. (2001). *Focused for Soccer*. Windsor: Human Kinetics.

Bull, S., & Shambrook, C. (2004). *Soccer: The Mind Game*. Pennsylvania: Reedswain.

Burke, K. L., & Brown, D. (2003). *Sport Psychplogy Library: Basketball*. Fitness Information Technology, Inc.

Daniel Begel M. D., & Robert W. Burton. (2000). *Sports Psychiatry(Norton Professional Books)* 1st Edition. W. W. Norton & Company.

David R. McDuff. (2012). *Sports Psychiatry: Strategies for Life Balance and Peak Performance 1st Edition*. American Psychiatric Publishing.

Dorfman, H. A. (2005). *Coaching the Mental Game: Leadership Philosophies And Strategies for Peak Performance in Sports And Everyday Life*. Washington, D.C.: Natl Book Network.

Giannini, J. (2009). *Court sense*. Human Kinetics.

Jean Williams, & Vikki Krane. (2014). *Applied Sport Psychology: Personal Growth to Peak Performance* 7th Edition. McGraw Hill.

Ravizza, K., Hanson. T., Aaron, H., & James, L. (2005). *Heads-up Baseball Playing The Game One Pitch At A Time*. Washington, D.C.: Natl Book Network.

저자 소개

한덕현
(Doug Hyun, Han)

중앙대학교 대학원 정신과 박사
현대유니콘스 스포츠심리 자문
대전시티즌 스포츠심리 자문
삼성라이온즈 스포츠심리 자문
LG트윈스 스포츠심리 주치의
KT위즈 스포츠심리 주치의
현 중앙대학교 정신과 주임교수
　　IT-휴먼리서치센터 소장
　　게임과몰입힐링센터 센터장

강경두
(Kyoung Doo, Kang)

중앙대학교 대학원 운동행동과학 박사
브라질 리우 올림픽 여자핸드볼팀 멘탈 코치
빙상(쇼트트랙) 심리검사 및 상담 자문
그리핀 e-스포츠 게임단 멘탈 자문
현 중앙대학교 의과대학 외래교수
　　MBI클리닉센터 소장
　　KT 소닉붐 남자프로농구팀 심리 주치의
　　갤럭시아 SM 장애인 선수단 멘탈 코치

하은주
(Eun Joo, Ha)

성균관대학교 대학원 체육학 박사
샹송화장품 여자프로농구팀 선수
신한은행 여자프로농구팀 선수
BNK 여자프로농구팀 멘탈 코치
현 웨이크업바디운동센터 대표
　　웨이크업바디스포츠심리센터 대표

스포츠 마인드 트레이닝
프로 선수를 위한 심리 훈련 워크북
Sports Mind Training
Psychological training workbook for professional athletes

2021년 2월 20일 1판 1쇄 인쇄
2021년 2월 25일 1판 1쇄 발행

지은이 • 한덕현 · 강경두 · 하은주
펴낸이 • 김진환
펴낸곳 • ㈜**학지사**

04031 서울특별시 마포구 양화로 15길 20 마인드월드빌딩
대표전화 • 02-330-5114　　팩스 • 02-324-2345
등록번호 • 제313-2006-000265호

홈페이지 • http://www.hakjisa.co.kr
페이스북 • https://www.facebook.com/hakjisa

ISBN 978-89-997-2268-4　93180

정가 16,000원

출판 · 교육 · 미디어기업 학지사

간호보건의학출판 **학지사메디컬** www.hakjisamd.co.kr
심리검사연구소 **인싸이트** www.inpsyt.co.kr
학술논문서비스 **뉴논문** www.newnonmun.com
원격교육연수원 **카운피아** www.counpia.com